新版 福祉のための家政学
―自立した生活者を目指して―

中川英子　編著

青柳美香・天野マキ・井上千津子
大塚順子・奥田都子・桂木奈巳
神部順子・倉田あゆ子・田﨑裕美
奈良　環・牧野カツコ・水野三千代
百田裕子・山本正子　共著

建帛社
KENPAKUSHA

はしがき

　本書は,『介護福祉のための家政学』(2002年),『介護福祉のための家政学実習』(2005年)を出版して以来,建帛社刊行のこの種の教科書では5冊目となる。当初は,介護福祉士養成教育に携わる先生方の熱い思いから出版に至ったものであるが,15年を経た今日では,福祉を目指す学生だけでなくすべての学生に使えるような家政学の教科書をぜひ作ってほしいと多方面の先生方からご要望をいただくようになってきた。こうした先生方のご要望を反映してできたのが本書である。
　このような経緯から本書は,福祉職を目指す学生の皆さんだけでなく,やがて社会の一員として働くすべての学生の皆さんに,ぜひ学んでいただきたい家政学の教科書になっている。
　なぜ学生の皆さんに家政学を学んでいただきたいのか,その理由は次のような家政学の独自性にある。まず家政学が,家庭生活を中心とした人間生活を対象とした学問であるという点であり,家政学で学んだ知識・技術が,人の日々の暮らしに役立つからである。次に家政学が,人間として自立して生きていくための知識や技術を研究し,提案する学問分野であるという点である。つまり,家政学で学んだ知識・技術は,人が生涯にわたり自立した生活者としてよりよい生活を実現していくために,役立つものなのである。
　本書を『新版 福祉のための家政学』と題したのは,福祉専門職を目指す学生の皆さんには,この家政学を学ぶことが特に必要とされているからである。その理由は,日本学術会議により大学教育の分野別質保証に資するために作成された参照基準「大学教育の分野別質保証のための教育課程編成上の参照基準　家政学分野」に示されているように,家政学を学んだ者は,「生活の構造や生活の質の評価について理解できていることから,次世代や生活上の問題に直面している人々に対し,生活を理論的に解析し,問題点を指摘し,より質の高い生活のための支援を行うことができる」からであり,また,「家政学は,実践科学であることから,自らが知識を基にした適確な判断による独自の実践意欲を持つと同時に,他者に対しても実践力を付与するための意識付けができる」からである。このように家政学を学ぶことによって得られた成果によって,福祉専門職として,より質の高い生活支援の実践につなげることができることが示唆されている。

　家政学は,家政学原論のほかに生活経営,食物,被服,住居,児童の6つの領域からなっている。本書は,このうち原論と児童を除いた4領域について,生活全般の知識や今日的な生活課題を明らかにしている。
　まず冒頭では,福祉実践の立場から家政学を学ぶことの重要性について,4領域(社会福祉,介護福祉,保育,看護)の専門家が述べている。
　次に,福祉職を目指す学生だけでなく,すべての学生にとって,自身がたどってきた生

活とこれからたどるであろう生活について理解することは大切なことであるので，加齢・発達・老化に伴う身体と生活の変化から，人の生涯の生活を理解していく．

　各論は，Ⅰ．生活経営，Ⅱ．食生活，Ⅲ．被服生活，Ⅳ．住生活，Ⅴ．福祉専門職で構成されている．Ⅴ．福祉専門職では，接遇マナーについて述べている．ここで家政学の範疇ではない接遇マナーについてあえて述べたのは，福祉職がその根底に最も心しておかなければならない個人の尊厳について，接遇マナーを契機として学生の皆さんに考えてほしかったためである．

　本書を教科書としてご使用いただく場合，半期15回，通年30回の授業が考えられるが，受講者（学生）の専門分野により内容を取捨選択してご利用いただきたい．

　また，授業実施にあたっては，基本的には，授業前半には講義を，後半には授業前半で講義した内容を，ワークシートで実施することで理解を深めるという形を想定している．この後半のワークシート実施をアクティブ・ラーニングの一環としてご利用いただければ幸いである．アクティブ・ラーニングによる授業の展開方法については，各教員の皆様の工夫に委ねたいところである．

　2017年3月

中川 英子

目　次

総　論

Ⅰ．社会福祉の実践と家政学の知識・常識 ……… 2
　1．多様な生活習慣が混交する社会福祉施設と家政学　2
　2．児童福祉施設における家政学　2
　3．高齢者福祉施設における家政学　3

Ⅱ．介護福祉における家政学の重要性 ……… 4
　1．介護福祉は，誰のために，何のためにする仕事か　4
　2．生活支援とは　4
　3．介護福祉と家政学との関係　4
　4．介護現場における家政学の重要性　5

Ⅲ．保育専門職のための家政学 ……… 6
　1．保育専門職の職場　6
　2．子どもが生まれて育つ場所が家族　6
　3．保育の現場での家政学の必要性　6

Ⅳ．看護教育の実践における家政学の重要性 ……… 8
　1．看護師の役割　8
　2．看護職における家政学の意義　9

Ⅴ．加齢・発達・老化による身体と生活の変化 ……… 10
　1．「加齢」「発達」「老化」とは　10
　2．老化の具体例　11

Ⅵ．ワークシート・コラムの登場人物 ……… 12

各 論

Ⅰ．生活経営 ……17

1．家族の意義と機能 ……18
(1) 家族のとらえ方 ……18
(2) 同一家族意識，ファミリー・アイデンティティー ……19
(3) 家族の機能 ……19
ワークシート●具体的事例から理解を深めよう ……20

2．家族の変容 ……22
(1) 世帯からみる家族の変化 ……22
(2) 結婚・離婚をめぐる変化 ……22
(3) 子育てをめぐる変化 ……23
コラム◆家族観の変容と介護 ……24
ワークシート●家族の変化について考えてみよう ……25

3．家族と法律 ……26
(1) 家族間の権利義務 ……26
(2) 相続と遺言 ……27
ワークシート●家族・親族に関する用語の意味を確認しよう ……30
ワークシート●事例から，離婚・相続・遺言について考えよう ……30

4．生活史 ……32
(1) 生活史の意義と効果 ……32
(2) 生活史の聞き取り ……32
ワークシート●身近な高齢者に生活史を語っていただくインタビューを行ってみよう ……34
コラム◆生活史と生活歴の違い ……35

5．家　計 ……36
(1) 経済と家計 ……36
(2) 家計のしくみ ……37
コラム◆物　価 ……39
ワークシート●入院患者の小野さんが家計を心配している理由を考えてみよう ……40

6．消費者問題 ……42
(1) 経済社会の変化と消費者問題 ……42
(2) キャッシュレス化による問題 ……42
(3) さまざまな手口を使う問題商法 ……42
(4) 消費者のための法律や制度 ……42
(5) 消費者のための相談機関 ……42
ワークシート●若者が被害にあいやすい問題商法について考えてみよう ……44

ワークシート●高齢者が被害にあいやすい問題商法について考えてみよう ………… *45*
7．生活時間と家事労働 ……………………………………………………………… ***46***
　　（1）生活時間とは ………………………………………………………………… *46*
　　（2）家事労働とは ………………………………………………………………… *46*
　　ワークシート●図の中に各項目を書き込み，あなたの1日の生活をとらえてみよう … *48*
　　ワークシート●育児や介護における時間的な負担について考えてみよう ………… *49*
8．社会的ネットワーク ……………………………………………………………… ***50***
　　（1）社会的ネットワークとは …………………………………………………… *50*
　　（2）子育てに関する社会的ネットワーク ……………………………………… *50*
　　（3）介護に関する社会的ネットワーク ………………………………………… *51*
　　ワークシート●あなたが住んでいる地域の生活関連サービスを調べてみよう …… *52*
　　ワークシート●金山さんの社会的ネットワークを考えてみよう …………………… *53*
9．生活福祉情報 ……………………………………………………………………… ***54***
　　（1）情報のデジタル化 …………………………………………………………… *54*
　　（2）ネットワーク社会の課題 …………………………………………………… *55*
　　コラム◆いつの時代も生活に欠かせない「テレビ」 ……………………………… *56*
　　ワークシート●ユニバーサルデザインの商品を評価してみよう …………………… *57*

II．食　生　活 …………………………………………………………… ***59***

1．食生活の機能と食文化 …………………………………………………………… ***60***
　　（1）食生活の機能と現状 ………………………………………………………… *60*
　　（2）食文化と食習慣 ……………………………………………………………… *60*
　　ワークシート●箸の使い方を正しく覚えよう ……………………………………… *61*
2．栄養素の種類と消化・吸収・代謝 ……………………………………………… ***62***
　　（1）人体と栄養素 ………………………………………………………………… *62*
　　（2）栄養素の種類と機能 ………………………………………………………… *62*
　　（3）人体の代謝のしくみ ………………………………………………………… *65*
　　コラム◆食欲のしくみ ……………………………………………………………… *67*
3．栄養素と食事摂取基準 …………………………………………………………… ***68***
　　（1）日本人の食事摂取基準 ……………………………………………………… *68*
　　（2）食育基本法と食事バランスガイド ………………………………………… *69*
　　コラム◆在宅介護での栄養指導 …………………………………………………… *70*
　　ワークシート●こんな食事で大丈夫かな？ ………………………………………… *71*
4．食品の分類と選択 ………………………………………………………………… ***72***
　　（1）食品の分類：食品の種類と役割 …………………………………………… *72*
　　（2）食品の加工と表示 …………………………………………………………… *72*
　　（3）食品の保存 …………………………………………………………………… *76*

ワークシート●食品の保存のしかたを考えてみよう ……………………………… 77
　　コラム◆「もったいない」──食中毒について ……………………………… 77
　5．食の安全と食中毒 ……………………………………………………………… 78
　　（1）食の安全 …………………………………………………………………… 78
　　（2）食中毒 ……………………………………………………………………… 79
　　ワークシート●こども園での食中毒予防を考えてみよう …………………… 81
　　コラム◆HACCP（ハサップ）とは …………………………………………… 81
　6．健康と食生活 …………………………………………………………………… 82
　　（1）健康とは …………………………………………………………………… 82
　　（2）国民健康・栄養調査と健康づくり ……………………………………… 82
　　（3）ライフステージ別にみる食生活と健康 ………………………………… 83
　　コラム◆「健康でいたい」──熱中症について ……………………………… 84
　　ワークシート●食生活調査と健康づくり ……………………………………… 85
　7．献立作成 ………………………………………………………………………… 86
　　（1）献立作成の基本 …………………………………………………………… 86
　　（2）生活習慣病と献立作成 …………………………………………………… 88
　　コラム◆手術前後の病院での食事と体調管理 ………………………………… 91
　8．調　　理 ………………………………………………………………………… 92
　　（1）調理と調理法 ……………………………………………………………… 92
　　（2）調理の実際 ………………………………………………………………… 93
　　（3）料理様式とその特徴 ……………………………………………………… 94
　　コラム◆ターミナルケアと食事 ………………………………………………… 96
　　ワークシート●朝食と体調の関係について考えてみよう …………………… 97

Ⅲ．被服生活 …………………………………………………………………………… 99
　1．被服の役割と機能 ……………………………………………………………… 100
　　（1）「被服」「衣服」「服飾」「服装」とは ……………………………………… 100
　　（2）被服着用の目的 …………………………………………………………… 100
　　（3）環境温度と衣服内気候 …………………………………………………… 101
　　（4）服装のTPO ………………………………………………………………… 102
　　ワークシート●衣料の安全性について考えよう ……………………………… 103
　　コラム◆高齢者・障がい者のお化粧，ファッションショー ………………… 103
　2．被服の素材 ……………………………………………………………………… 104
　　（1）被服素材の種類 …………………………………………………………… 104
　　（2）被服素材の性能と加工 …………………………………………………… 106
　　ワークシート●織物・編物を作ってみよう …………………………………… 107

3．被服の選択 ……………………………………………………… *108*
　（1）被服の選択にあたって ……………………………………… *108*
　（2）衣料障害 …………………………………………………… *109*
　コラム◆「いろポチ」──視覚障がい者への色彩支援 …………… *110*
　ワークシート●通信販売で衣服の購入を支援しよう ……………… *111*

4．下着・寝具・靴 ………………………………………………… *112*
　（1）下着（肌着）の役割 ………………………………………… *112*
　（2）寝具・寝装具 ……………………………………………… *112*
　（3）靴 …………………………………………………………… *114*
　ワークシート●快適な睡眠環境・寝具の特徴を知ろう …………… *115*
　ワークシート●健康的な足への配慮，正しい靴の選び方を知ろう … *115*

5．被服の管理①［品質表示・洗濯］ ……………………………… *116*
　（1）被服の管理にあたって ……………………………………… *116*
　（2）洗　　濯 …………………………………………………… *117*
　ワークシート●洗濯してみよう ………………………………… *119*
　コラム◆消臭スプレーをかければ，洗濯をしなくてもよい？ …… *119*

6．被服の管理②［シミ抜き・漂白・収納・保管］ ……………… *120*
　（1）シミ抜きと漂白 ……………………………………………… *120*
　（2）アイロンかけとたたみ方 …………………………………… *120*
　（3）収納と保管 ………………………………………………… *121*
　ワークシート●ウイルスに汚染された衣服の洗濯方法を考えてみよう … *123*

7．縫製の基礎と被服の修繕 ……………………………………… *124*
　（1）縫製の基礎 ………………………………………………… *124*
　（2）手　工　芸 ………………………………………………… *126*
　ワークシート●利用者が積極的に楽しめる裁縫について考えてみよう … *127*

Ⅳ．住　生　活 ………………………………………………………… *129*

1．住まいの役割と機能 …………………………………………… *130*
　（1）住まいの役割 ……………………………………………… *130*
　（2）ファミリーサイクル（家族周期）と生活空間 ……………… *130*
　（3）住まいの機能や役割の変化 ………………………………… *131*
　コラム◆住まいについて知ろう ………………………………… *132*
　ワークシート●あなたの住まいについて調べてみよう …………… *133*

2．住生活と生活空間──生活空間と動線計画 …………………… *134*
　（1）空間と人の動き …………………………………………… *134*
　（2）生活空間の構成 …………………………………………… *136*
　ワークシート●あなたの住まいの中の空間（部屋）を分析してみよう … *137*

ワークシート●金山さんの生活空間と動線について調べてみよう………………138
　3．住まいの室内環境……………………………………………………………**139**
　　（1）光（採光・照明）………………………………………………………*139*
　　（2）温度（冷房・暖房，通風・換気）……………………………………*140*
　　（3）音（騒音）………………………………………………………………*142*
　　　ワークシート●川本さんの室内環境について考えてみよう…………………143
　4．住まいの維持管理……………………………………………………………**144**
　　（1）住まいの寿命……………………………………………………………*144*
　　（2）点検・補修・修繕………………………………………………………*144*
　　（3）日常的な掃除……………………………………………………………*145*
　　　ワークシート●小林さんのトイレ掃除について考えてみよう……………149
　　　ワークシート●山口さんの集合住宅の管理について考えてみよう………150
　5．住生活と安全─安全に暮らすための生活環境………………………………**152**
　　（1）犯罪と防犯………………………………………………………………*152*
　　（2）災害と防災………………………………………………………………*153*
　　　コラム◆家庭内事故を防ぐための工夫──住環境整備……………………158
　　　ワークシート●あなたの住まいの防犯について考えてみよう……………161
　　　ワークシート●保育園の安全な空間について考えてみよう………………163
　6．住まいと地域生活……………………………………………………………**164**
　　（1）地域の中の住まい………………………………………………………*164*
　　（2）まちづくり………………………………………………………………*164*
　　　コラム◆防災公園を知っていますか？………………………………………166
　　　ワークシート●暮らしやすいまちづくりについて考えてみよう…………167

V．福祉専門職……………………………………………………………………*169*

　　福祉専門職と接遇マナー………………………………………………………*170*
　　（1）接遇マナー………………………………………………………………*170*
　　（2）利用者の尊厳……………………………………………………………*170*
　　　ワークシート●福祉専門職としての接遇マナーを考えよう………………171

■索　引……………………………………………………………………………*175*

総論

Ⅰ. 社会福祉の実践と家政学の知識・常識

Ⅱ. 介護福祉における家政学の重要性

Ⅲ. 保育専門職のための家政学

Ⅳ. 看護教育の実践における家政学の重要性

Ⅴ. 加齢・発達・老化による身体と生活の変化

Ⅵ. ワークシート・コラムの登場人物

Ⅰ．社会福祉の実践と家政学の知識・常識

1．多様な生活習慣が混交する社会福祉施設と家政学

　社会福祉を専攻する学生が社会福祉士の国家試験を受験し，社会福祉士として種々の社会福祉関係機関や施設等で働くためには，社会福祉の現場での実習が義務づけられている。社会福祉施設の中には，高齢者，障がい者，子どもの施設等があり，種々の社会的生活困難状況にある人々が，グループや集団で，生活支援を受けながら生活している。施設は，生活の場であるから，いろいろな家庭での生活習慣を

もった人々が共に生活することとなり，それぞれの生活習慣に応じた家政学の理論の一端が集合しているといえる。家政学の知識や常識は多様であり一律ではないが，ある種の日本の文化的背景に裏づけられている。

　社会福祉施設は，おおむね施設という形態でサービスを提供しているが，まだまだ利用者の個別的な生活様式は実現しておらず，集団で生活するという構造を解消できてはいない。

　その結果，利用者は，家政学で考えられる普通の家庭生活とは異なる日常生活を共有せざるを得ない。また，施設が利用者の普通の生活を願い，家政学の知識にそったサービス提供を意図していても，家政学の常識を理解できない利用者や職員も少なくない。なおかつ，家政学のもつ多様性により習慣が混合してしまうため，何が普通であるのか，一層，判断が難しくなる。社会福祉施設は，多様な利用者を受け入れるが，年齢の違いや，サービス利用の条件が異なるため，普通の生活の基準を見極めることは非常に難しい。

2．児童福祉施設における家政学

　近年，児童養護施設に入所する子どもの多くは，虐待を受けてきたと推察される（子どもの虐待が多いこと自体が家政学の課題でもあると考えられる）。また，施設には親を亡くした子どもたちや，家庭に諸事情のある子どもたちも入所している。施設で暮らす多くの子どもたちには，普通の生活の経験が少ない。その子の親が家庭生活の知識や，正しい基準さえわからない場合もある。

　かつて，ある児童養護施設に送り出された実習生が実習担当職員に依頼されたことは，「実習中，この施設では，あなたたちが家庭で日常行ってきた普通の生活をしてください」ということであった。児童養護施設では，子どもたちが施設に入所する前にしてきた生活習慣をもち込んでくる場合もあるが，施設固有の生活習慣もある。そのため，一般社会での生活習慣と異なる場合も多くなるとのことである。例えば，カレーライスを箸で食べたり，飲み物をグラスや湯呑に移さず，缶やビンから，そのまま飲んだりとか，一般の家庭では行わない生活習慣が普通になってしまうのである。その結果，成人して施設から出た後，職業に就いたり家庭をもったりした折，普通の生活をしている人々との離隔が明らかになる。ある施設出身の女性の常識では，来客に飲み物を出すとき，ビンのままテーブルの上に置くことは普通のことであった。一般家庭に育った女性なら，飲み物をグラスに移し，氷を入れ，お盆の上にのせて客に運ぶであろう。最近ではそのような常識がだんだん

と簡略化されつつあるが，それでも，これまでの普通の常識は，家庭生活から，また家政学から消えてほしくはないと考える。

3．高齢者福祉施設における家政学

　高齢者福祉施設等の社会福祉施設で生活する高齢者の多くは，普通の生活をしてきた人々であると考えられる。その普通の人々が，集団で生活することになるのであるから，種々の課題が出てくるのは当然である。自宅で暮らしていても，一家の家事の担い手であった妻が，病気や身体が不自由になったというだけで，普通の家庭生活ではない生活方法を身につけなければならない。施設においてはプラスチックの食器で食事をしたり，集団での入浴であったり，学生時代のキャンプのような生活が日常になることへのショックは大きいものと推察できる。社会福祉施設運営に家政学の知識が必要であることは当然であるが，家政学においても施設運営の研究が必要なのではないかと考える。

　近年，施設でも種々の工夫がなされ，普通の家庭生活に近づける努力がなされてきている。ある養護老人ホームでは，広い食堂で，同じ時間に，一緒に食事をとるのではなく，少人数の仲間や友人が，三々五々に，違った時間帯に食堂を訪れ，出来立ての食事のサービスを受けることができるように配慮した。結果として，食堂設備の維持・管理コストが下がり，利用者に対しては丁寧な対応ができるようになった。また，厨房の職員を一流のシェフの経営するレストランに修業に行かせるなど楽しめるメニューの開発に力を入れた。その結果，施設内の高齢者が生き生きと元気になり，近所の郵便局などで働けるようになったという。

　食事の方法や時間帯の改良だけでも，施設の生活者の表情が変わり，活気が出でくるのであるから，衣食住にかかわる家政学の知識や常識が，社会福祉施設の運営に大きな影響を与えるであろうことは，推して知るべしと考える。

　グローバル化，技術革新等の急激な展開により，従来の日本文化を基底にした生活習慣，居住習慣等も大きく変わりつつある。そうした流れに応じた家政学の新たな体系化の模索も必要になるものと考えられるが，日本の伝統的生活習慣を失わず，現代社会にマッチした家政学であることを願うものである。そして，その家政学の知識や技術を身につけることが，社会福祉の専門職を目指す人々にとっても，必要条件であることを，改めて確認するものである。

Ⅱ．介護福祉における家政学の重要性

1．介護福祉は，誰のために，何のためにする仕事か

　介護福祉とは何であろうか。まず，「誰のために」介護福祉が必要であるか，その対象については，日常生活の営みが自分の力だけでは成り立たない人であると社会福祉士及び介護福祉士法に規定されている。「何のために」という目的は，日常生活の営みをつくっていくことである。このことから，介護福祉とは，日常生活の営みをつくっていく支援ということがいえる。

　生活とは，『家政学事典』によれば「人間が人間らしく生きるために行う諸活動の総体であり，人間らしく生きるための基本的欲求の充足過程」[1]であると定義づけられている。私たちは，生命を維持し，生命を活性化するために，食事，排泄，清潔，更衣，睡眠などをはじめとして，家事，買い物など，さまざまな活動を行っている。つまり生活とは，この活動の総体のことであり，活動の束と言い換えることができる。活動の束をしっかりつくっていくことによって生命を維持し，活性化することになる。さらに，活動の束は，人間らしく生きるための基本的欲求として，単に生理的な欲求を満たすだけのものではなく，精神的欲求や社会的欲求，さらに，文化的な欲求を充足することにより自己実現を図ることに連動していくことになる。

2．生活支援とは

　生活支援とは，食事，排泄，清潔，睡眠などの活動の束が崩れている人を対象に，活動の束をつくっていくための援助ということである。

　生活支援の内容であるが，さまざまな活動の束をつくっていくためには，困難になっている活動を成立させるための働きかけが必要になる。例えば，食事ができるように，排泄ができるように，入浴ができるように援助することである。さらに，これらの活動に対して，やってみよう，食べてみよう，行ってみようという意欲を引き出すための働きかけが重要になる。こうした働きかけを可能にするための条件は，環境である。つまり，利用者の生きるための活動は生活環境によって左右され，生活環境をどのように整えるか，という働きかけが不可欠になる。この生活環境の整備の方法が「家政学」であり，家政学の知識や技術を修得することが，介護福祉の目的を実現することにつながり，自立支援や介護予防の可能性に結びつくことになる。

3．介護福祉と家政学との関係

　まず，要介護状態が発生するプロセスを考えてみよう。介護状態の発生は，心身機能の低下や疾病に起因していることが多い。その背景には，多くの場合，生活環境の脆弱化があげられる。つまり，要介護状態の発生は，衣食住の生活環境のあり方と深い関係にあるといえる。例えば，栄養バランスの崩れや，偏食，お酒の飲みすぎやたばこの吸いすぎなどによる食生活の崩れが，さまざまな疾病の発症に結びつき，脳卒中や心臓病，がんなど

の誘因になり，介護が必要な状態になる。住宅構造が改善されないことにより，トイレや，台所，浴室への移動，さらには，外出などの活動が困難になり，閉じこもり状態になり，寝たきり状態につながることになる。また，つまずく，滑る，ふらつきなどの身体機能の低下による転倒，転倒による骨折，骨折から要介護状態につながる。または，衣服の清潔が保てないことにより，皮膚疾患や感染症の誘発に結びつく。さらに，自己表現の手段としての衣服の選択や更衣が困難になることにより，社会性や意欲の減退に結びつく。このように，生活環境の状態と要介護状態は，密接な関係をもっている。

4．介護現場における家政学の重要性

具体的に考えてみる。ここに介護を必要とする高齢者が眠っていたとしよう。眠るということは生理現象であるが，心地よい睡眠を援助するには，静かな温かい部屋，清潔で保温的な寝具，さらに，音響，明暗，空気の流通，寒暖，衛生など，さまざまな事柄において，家政の知識，すなわち家政学が必要であり，その知識に基づいた実践がなければ，当然安らかな眠りや，快い目覚めは待っていない。

「食事介護」にしても，その人の食習慣を把握し，好きな食物を好みの味に調え，状況（咀嚼力，嚥下力，消化力）に合わせた形態に加工し，食べる時期を考え，食べる量を調え，目を楽しませる盛り付けをし，楽しい会話をし，食欲を引き出す。こうした配慮のうえに立って「楽しくおいしく食べる」ためには，食生活における家政の知識に裏づけられた技術によって，その人に合わせた食事介護の実践が求められることになる。

「排泄」にしても，遠慮や気兼ねがなく排泄できる条件づくりが必要である。そのためには，排泄用具，排泄行為のしやすい衣服，トイレやポータブルトイレの位置・場所，おむつの素材や種類，デザインを考える必要がある。さらに食事の状態にも目を向けてみることを忘れてはならない。これらの排泄行為に関する知識と排泄環境を整えていく技術がなければならない

「入浴介護」も同様であり，入浴介護を行うためには，入浴時，浴室までの移動時の安全確保，浴室の構造，湯の温度，湯量，入浴時間，入浴時期などをアセスメントし，その結果に基づいて入浴介護を実践する。そのことによって，入浴のもたらす効果を引き出すことが可能になる。

「着替え」についても，着替え方法の安全性，下着はどんなものを選べばよいか，上着はどうか，病衣，寝具，どのような素材のものがいいのか，デザインはどうか，色の好みはどうかなどについて配慮し，対象者自身が衣生活に関心をもつよう働きかける介護福祉の展開が必要である。また，褥瘡などの防止のためには，寝具や衣服の素材やベッドの堅さ，高さ，位置などの配慮が欠かせない。

このように，生活環境を整えるために，家政学の知識とそれに基づいた技術が不可欠であり，生活環境を整えることは介護福祉の理念を実現することへとつながる。そして，この理念を介護福祉の現場で発揮するためは，何より，**支援者自身が家政学の知識・技術を踏まえた日常生活を送っていることが望まれるのである。**

III. 保育専門職のための家政学

1. 保育専門職の現場

　保育専門職とは，子どもたちの生活が保障され，その心身の健やかな成長・発達が図られるよう，子どもの保護者とともに，あるいは保護者に代わって子どもの保育を行う専門家である。最も一般的なものとして，保育士があげられる。児童福祉法で定める児童福祉施設には，法令により保育士を置くことが義務づけられているものが多い。

　児童福祉施設とは，保育所（保育園），児童館・児童遊園などの児童厚生施設，乳児院，児童養護施設，障害児入所施設などをいう。このうち保育所は，親の就業，就労などの理由で昼間保育に欠ける就学前の乳幼児を保護者に代わって保育することを目的とした児童福祉施設で，最もなじみのあるものであろう。

　地域や社会全体で子育てを支援することをスローガンに，2015年4月にスタートした「子ども・子育て支援新制度」では，小規模保育，家庭的保育，事業所内保育など，多様な保育の場を設けている。幼稚園と保育所の機能を併せもつ認定こども園の設置も本格化し，保育士の資格をもつ人の職場は大きく広がっている。学童期の子どものための学童保育の需要も拡大しつつあり，保育を専門とする職場は，今後ますます拡大することが予想されている。

2. 子どもが生まれて育つ場所が家族

　子どもは，生まれるときに家族を選んで生まれることはできない。しかし，人間の子どもは誰かに保護されなければ生きていけないので，保護する人のいる集団や保護者の中に生まれる。生まれたときに赤ん坊を保護する人々の集まりが「家族」であるといえる。家族には，父，母や子ども（きょうだい）がいたり，祖父母がいたりするが，母親1人しかいない場合もある。

　子どもは家族の中で，昼間起きて夜眠る，決まった場所で排泄をする，這う，歩く，手でものを食べる，言葉を話すなど，人間としての基本的な行動を学んでいく。日本の子どもが日本語を話すことができるのも，乳幼児期に日本語を話す人の中で育つからであり，子どもは家族（一緒に過ごしている人）の中で，食事，睡眠，清潔，挨拶などの基本的生活習慣を，特別にしつけられなくても自然に身につけていくのである。乳幼児期の子どもは家族の影響を大きく受けるので，保育の場では，子どもが生まれて育っている家族の特徴を知っておくことが大切になる。

3. 保育の現場での家政学の必要性

　家族というと，両親がそろっていて子どもが1人または2人という核家族を思い浮かべる人が多いかもしれない。しかし，日本の家族は大きく変化していること，家族を固定的に考えないことが大切である。

　まず第1に，家族の規模が，とても小さくなっているということである。国勢調査の結

果によれば，1世帯当たりの平均人員は2.33人（2015年）である。これは1人世帯が全世帯の27.3％を占めているためである。15歳以下の子どもは，1人で住んでいることはないが，両親と子どもの世帯が75％，ひとり親と子どもの世帯が8.3％，祖父母などを含む世帯の子どもが15.3％である。このほか，親族以外の人が共に住んでいる場合や，施設などで過ごしている子どももいる。

国連の国際家族年（1994年）では，家族の定義をせず，「家族は社会の基本的な単位である」とだけ述べて，世界には多様な家族の形があることを強調した。現在は，家族は「その人が家族と考える人々」（ファミリー・アイデンティティー）と定義している。

親が別居したり離婚したりして子どもと一緒に住んでいない場合でも，子どもは，自分の親を家族と考えていることがある。血のつながりがあってもなくても，一緒に住んでいてもいなくても，子どもが家族であると思っている人が家族である。保育の現場では，「お父さんはいるの？ いないの？」などと問うことがないようにしたい。家族と考える人の範囲は年月がたつと変わるものであり，「普通の家族」や「正しい家族」などという固定観念はなくすようにしたい。

第2は，家族が多様化していることである。2016年のリオデジャネイロでのオリンピックでは，柔道や陸上のリレーなどで，父親や母親が外国籍の日本人選手が活躍したことが，印象に強く残っている。また，このオリンピックの期間中，同性愛者がプロポーズをしてめでたくカップルが成立したというニュースがいくつもあり，世界中の人々に祝福されたことも印象に残る。国際結婚の夫婦とその子どもも増加しているのである。

肌の茶色い子どもが「自分の国に帰ればいい」などと言われて傷つくことがある。保育の現場では，性別や肌の色，障がいのある，なしで差別があったり，いじめがあったりすることが絶対にないように心がけることが必要である。保育者が，みんなが同じであることを重視したり，みんな一緒に同じことができるよう強制したり，順位をつけたりすると，子どもたちの中に，差別やいじめが生まれやすくなる。一人ひとりが違っていてよいこと，みんなと違うことをほめてあげること，違うから楽しく，豊かになれることなど，違っていることのよさに気づけるように，導くことが大切である。

第3は，日本はいまだに「育児，子育ては母親の責任」と考える人々が多いということである。共働きであっても専業主婦であっても，母親1人が子育ての責任を担っている場合には，母親は育児不安に陥ったり，ストレスが強かったり，子どもに優しく接することができなくなることが多い。母親の行動に問題を感じたら，母親を非難したり，批判したりするのでなく，母親の置かれている状況を理解して，母親を支援することが保育専門職の役割である。今日では父親の育児参加が進んできているが，子育て家族を，保育所など地域全体で支える活動が大切である。

Ⅳ. 看護教育の実践における家政学の重要性

1. 看護師の役割

「看護師の仕事について説明をしてください」と聞かれたら，みなさんはどのような言葉で説明するであろうか。国が定めた保健師助産師看護師法第5条では，傷病者もしくは褥婦に対する患者の療養生活を支える「療養上の世話」または医師が患者を治療する際に行う「診療の補助」は看護師にしかできないことを定めている。療養上の世話，診療の補助を

行う看護師になるために学んでいる中で，どうして家政学を学ぶ必要があるのか，疑問を感じている人も少なからずいるのではないかと感じている。以下の事例を通して，看護における家政学を学ぶ意義について考えてみたい。

佐藤さん（仮名）は55歳の女性。主婦。脳の病気により入院時は状態が不安定であったが，治療により生命の危機状態を脱し病状が安定し，退院に向けリハビリテーションを行っている。病気により利き手の右手と右足に障がいがあるものの，右手でスプーンを持ち，口への送り込みができるようになっているが，食べこぼしがみられる。トイレまで歩くのに時間を要するため間に合わず，おむつを使用し，入浴できない状態である。

この状態にある佐藤さんに，どのような看護をしたいと考えるだろうか。

看護学生の木村さん（仮名）は，「おむつをしているから，おむつ交換」「入浴できないから，清拭」「病気の再発を防ぐための薬を飲む援助」「退院に向けての歩行訓練」を毎日実施していた。しかし，木村さんの問いかけに「はい」と返事はするものの，それ以上会話は続かず，木村さんは佐藤さんに対して，苦手意識をもっていた。一方看護師は，入院前に友人とランチめぐりをするのが楽しみだったという話を佐藤さんから聞き，「スプーンではなく，箸を持って食べる練習をしませんか」と提案，「箸を持って食べたい」という言葉を目標に，理学療法士や作業療法士などと協働し，箸の太さ・長さの調整，歩行訓練に加え，箸を持つ練習として左右の腕や指の筋力トレーニングなどを実践した。その結果，「テレビを見ながら，指の運動をしている」など，佐藤さん自らリハビリテーションや援助に対する発言や行動がみられ，数週間後には箸で食べることができるようになった。家族からは「箸を持てたことも嬉しいが，母が入院前と同じように活気を取り戻し，笑顔がみられるようになったことがなにより嬉しい」とのことだった。

看護は，病気を治療する医師らとともに「おむつによる皮膚トラブルを避けるためのおむつ交換」「入浴できず，排泄物の汚染による皮膚のバリア機能低下を予防するための清拭」「患者が健康状態を保ち，自ら納得して薬を飲むための援助」など，健康課題に対する援助を実践する。それに加え，看護師は「どのような生活を送っていたのか」「これからどういう生活を送りたいのか」など生活に関する情報も集め，生活を支える援助も実践する。健康課題に対する援助と生活を支える援助を実践する過程の中で，看護の対象であるその人は心を開き，「いつか友だちとランチをしたい」と言葉や行動でニーズを伝え，自ら運動をするなど，健康回復に向けて主体的に行動をする。つまり，看護は健康課題の解決とその人の生活を支えるために，専門的な技術を駆使して実践されるものであると考

える。療養生活を送る人々の食事，更衣など日常生活の援助を行う療養上の世話は，その人の生活を支える看護師独自の役割のひとつであり，その役割を果たすために，看護師は身体や病気の理解，看護学や看護技術の知識・技術・態度を講義や実習で学ぶ。

2．看護における家政学の意義

　生活は日々そこにあり，意識しづらいものであるが，病気やけがによって人は不便さを抱えて生活することが多くなると，「いつもの日常の生活」に戻りたいと願う。それはなぜか。それを明らかにするために，看護における生活とは何かを理解する必要がある。1つは「栄養を満たすために食べる」「環境に適した衣服を着る」など，生命を保つ意味の生活である。もう1つは「場にふさわしい食事や衣服」というように，その人が属する社会の中で，1人の人として存在し生きていくための生活である。「箸を持って食事を食べる」などの生活行動は，いつの間にか1人でできるようになったのではない。その人を取り巻く生活環境や両親や先生，友人など人との関係性の中で経験を積み重ねて，生活行動は獲得される。それゆえ，箸の持ち方，食べ方など，食べる行動は人それぞれであり，その人のやり方がある。また，佐藤さんと同じ病気や障がいであっても，「箸で食べることよりも食を満たしたい」「食事よりもせめてトイレぐらい自分でやりたい」など，生活の中で何を大切にするかは人それぞれであり，願いや思いはさまざまである。日々繰り返され積み重ねられたその人の生活は，気づかないうちに習慣化され，生活に対する価値観や思いをもつ特徴がある。したがって，看護師がその人の生活を支えることは，不自由のない生活を送ることだけではなく，その人の意志，経験，習慣などをもつその人の存在を認め，その人を尊重しているメッセージとなる。箸で食事をすることは佐藤さんにとって，必要なカロリーを満たすだけでなく，友だちとランチをする生きる楽しみのひとつを叶え，手足が不自由であっても箸で食べる自分の姿が尊厳を保つために必要な援助であったと考える。

　看護師は病気や障がいを抱えたその人が「いつもの日常の生活を送るため」「その人の新たな生活を支えるため」にその人の生活を理解し，実践することが求められる。看護の対象であるその人は，新生児から，大人・高齢者に至るまでのあらゆる年代の人々である。その人々の生活は多様であり，発達段階を踏まえた生活の知識が必要不可欠である。さらに，社会を生きるための自立した生活を理解し，生活を送っていないとその人の生活をイメージすることができず，患者が求める看護を実践することは難しい。看護の対象であるその人と自分自身の生活を理解するために，家政学の知識を積極的に学び，そして，家政学の知識を自分自身の生活の中で体験・実践して，看護に生かしてほしい。

　木村さんは，箸で食べることへの援助を通して，佐藤さんとどうかかわればよいか戸惑いがなくなり，佐藤さんと向き合うことへの喜びを感じるようになった。身体のみならず，気持ちもふさいでいる病気の人とかかわることは，看護する側も戸惑いや困難を感じることがある。治らない病気であっても，死を感じている人であっても，誰しもが「自分らしくありたい」と願っている。それを支える生活の援助ができたとき，看護する側も自分らしく患者さんと向き合え，看護の魅力を感じることができるようになると考える。

Ⅴ. 加齢・発達・老化による身体と生活の変化

1.「加齢」「発達」「老化」とは

　"加齢"とは，この世に生まれてから，死に至るまでの間の一連の形態的・機能的変化のことをいう。"発達"とは，受精から死に至るまでの一生涯の質的・量的な変化の過程といわれるが，一般的には，運動，精神や言語などの加齢による機能獲得段階で使われる。それに対して"老化"とは，加齢現象のうち，特に成熟期以降に現れてくる組織的崩壊や生理的退行変化のことをいう。主な老化現象としては，皮膚，運動能力および感覚器に関する変化（次項：2.老化の具体例）などがある。

　老化は生きるものとして逆らうことができないものであるが，その速度は人によりさまざまである。食生活や運動などにより，"老化"を遅くすることも可能である。下に日本人の加齢・発達・老化による身体の変化と生活の平均的な変化を示した。

　福祉職は，対象者の心身の特性を理解したうえで生活支援をすることが大切である。加齢・発達・老化に伴う身体と生活の変化を理解し，子どもに対して，また，高齢になって

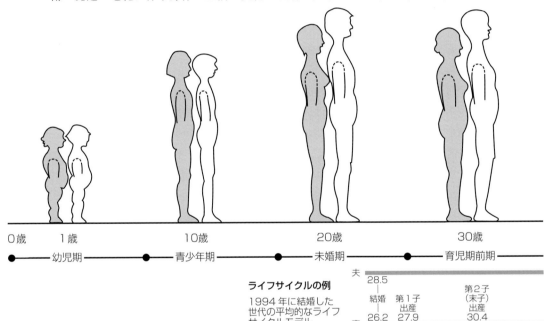

も，障がいをもっても，その人らしく生きられるための支援を心がけたい。

2．老化の具体例

皮膚の変化：真皮や表皮の層が薄くなり保水性や皮脂の分泌が低下する。そのため皮膚が乾燥しやすくなりしわが増える，抵抗力が弱くなり体温調節機能が低下するなど。

骨格・筋系：骨密度や筋力が低下し前屈みの姿勢になる，O脚になりやすい，関節の痛みが増加する，骨折しやすくなるなど。

視　　力：小さい文字が見えにくくなる，視野が狭くなる，遠近感が把握しにくくなる，明暗の順応が悪くなりまぶしさを強く感じやすくなる，色の識別が困難になるなど。

（鈴木隆雄：『日本人のからだ─健康・身体データ集』，朝倉書店（1996）を参考に作成）

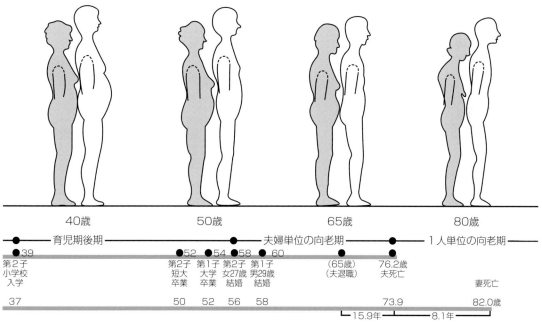

（総理府大臣官房男女共同参画室：「女性白書─女性の現状と施策　新国内行動計画に関する報告書概要─」（1996）より作成）

- 眼の屈折力が低下し老眼が始まる。
- 反応時間が遅くなる。
- 歩行速度が低下し始める。
- ひらめきにくくなる。
- 寒がりになる。

- 咀嚼力や消化器系の機能が低下してくる。
- 基礎代謝量がさらに減少し，骨粗鬆症予防のためにカルシウム・ビタミンDが必要になってくる。
- 女子の肥満率が最も高くなる。
- 生活習慣病等に対する薬の常用が増加する。

- 睡眠時間が短くなる。
- 夜尿回数が多くなる。
- 最高血圧が上昇するようになる。
- 背筋力が弱まってくる。

- 皮膚の弾性がなくなる。
- トイレが近くなる。
- 行動に時間がかかる。
- 高い音が聞き取りにくくなる。
- 老眼鏡が手放せなくなる。

- 物忘れするようになる。
- 生活活動が減少し，食事量が少なくなる。
- 喪失歯が増え，咀嚼力や消化・吸収機能がさらに低下する。
- 味蕾細胞の減少により，味覚が変化してくる。

- 70歳代より，筋肉の衰えが目立ち始め，膝の曲げ伸ばしが難しくなる。
- 視野が狭くなる。

- 咀嚼力や消化器の働きがさらに衰え，軟菜や軟飯を好むようになる。
- 腸の活動が緩慢になり，便秘になりやすくなる。
- 生活習慣病の罹患率が高くなる。
- 手指の精密な動作がしにくくなり，ボタンによる着脱や蛇口，ドアノブの操作が難しくなる。
- 起居が不自由になり杖や壁を頼って歩行するようになる。

（作成：中川英子・百田裕子・田﨑裕美・大塚順子）

VI. ワークシート・コラムの登場人物

あなた自身

あなた自身のこととして
ワークシートに
挑戦してみましょう！

保育所

実習生
小林昭一さん（19歳）
【所属】
　保育士養成施設
【将来の希望進路】
　保育士

園児
秋山　翔くん（3歳）
【家族】
　父・母

児童養護施設

実習生
川本　博さん（19歳）
【所属】
　社会福祉士学校
【将来の希望進路】
　社会福祉士

入所児童
古谷　一くん（14歳）
【家族】
　母親のみ
　（アルコール依存症で
　　入院中）

認定こども園

実習生
池田愛梨さん（19歳）
【所属】
　保育士養成施設
【将来の希望進路】
　保育士

園児
本田真美ちゃん（5歳）
【家族】
　父・母
　弟（1歳）

病　院

実習生
小林由紀さん（20歳）
【所属】
　看護師養成所
【将来の希望進路】
　看護師

入院患者
小野良一さん（52歳）
肺がんのため抗がん剤治療で入院中。今後、3回の治療が予定されている。
【家族】
　妻・子2人（高校2年生・中学3年生）
【その他の情報】
　会社員，休職中（6か月）

老人ホーム

実習生
南 かおりさん（19歳）
【所属】
介護福祉士学校
【将来の希望進路】
介護福祉士

入居者
山口しずさん（83歳）
【介護度】
要支援2
【現病歴】
アルツハイマー型認知症
【家族】
夫（入院中）・子2人

介護付き有料老人ホーム

入居者
柴山 一さん（77歳）
【現病歴】
2型糖尿病
【家族】
妹・子2人

有料老人ホーム

入居者
川村文子さん（83歳）
【介護度】
要介護3
【現病歴】
アルツハイマー型認知症
【家族】
夫（自宅）・子2人

特別養護老人ホーム

居宅

実習生
秋山仁美さん（19歳）
【所属】
介護福祉士養成施設
【将来の希望進路】
介護福祉士

利用者
金山トメさん（82歳）
【介護度】
要介護1
【現病歴】
アルツハイマー型認知症（脳梗塞の後遺症あり）
【家族】
娘と同居

親族（二人）世帯

利用者
渡辺夫妻
夫 秀次さん（79歳）
【現病歴】高血圧症
妻 竹子さん（82歳）
【介護度】要介護2
【現病歴】右片麻痺
【家族】
子どもなし

夫婦のみ世帯

利用者
斎藤はなさん（78歳）
【介護度】
要介護1
【現病歴】
変形性膝関節症
白内障
【家族】
夫と死別（15年前）
子3人（別居）

単独世帯

【引用文献】
1）日本家政学会編：『家政学事典』，朝倉書店（1990）

【参考文献】
・B. Seebohm Rowntree：「POVERTY：A Study of Town Life」Thomas Nelson &Sons London, Edinburgh, Dublin and New York 1901. 3
・T. W. Fowle：「The Poor Low」Macmillan and Co. 1890
・小山路男：『イギリス救貧法史論』，日本評論新社（1962）
・一番ケ瀬康子：『アメリカ社会福祉発達史』，光生館（1963）
・岩田正美・大橋謙策・白澤政和監修：『現代社会と福祉』，ミネルヴァ書房（2012）
・家計経済研究所：季刊 家計経済研究，No. 105（2015）
・総務省統計局「平成27年国勢調査」結果（http://www.stat.go.jp/data/kokusei/2015/kekka.htm）
・長津美代子・小澤千穂子編著：『新しい家族関係学』，建帛社（2014）
・加藤邦子・牧野カツコ・井原成男・榊原洋一・浜口順子編著：『子どもと地域と社会をつなぐ家庭支援論』，福村出版（2015）
・秋元典子：『看護の約束―命を守り，暮らしを支える』，ライフサポート社（2011）
・日本看護協会監修：『新版 看護者の基本的責務―定義・概念／基本法／倫理』，日本看護協会出版会（2006）

各 論

I. 生活経営

II. 食 生 活

III. 被服生活

IV. 住 生 活

V. 福祉専門職

Ⅰ．生活経営

1．家族の意義と機能
2．家族の変容
3．家族と法律
4．生　活　史
5．家　　　計
6．消費者問題
7．生活時間と家事労働
8．社会的ネットワーク
9．生活福祉情報

1. 家族の意義と機能

（1）家族のとらえ方

1）家族の成り立ちと子育て・看護・介護

　人間の子どもは，ほ乳類の中でも特に未熟な状態で生まれ，自立までに長い年月を要する。長く手間のかかる子育てを遂行するには，乳を与える母だけでなく，その母をサポートする協力者が不可欠であり，これが家族という集団の発達をもたらした。家族は，協力して子育てを行いながら，暮らしを支え合う生活の基礎単位となり，子どもだけでなく，傷病や高齢により自立困難なメンバーを世話したり介護を担うようになり，相互扶助関係を発展させてきた。今日，看護や介護は高度化・専門化し，子育てにおいても，家族の力で対処しきれない領域を専門職者が担うようになった。保育士や看護師，介護福祉士などは，専門知識や技術をもって適切なケアを提供するとともに，家族と協力して，子育てや看護，介護のシステムを担うことを期待されている。

2）家族の基本的概念

　私たちが経験する家族には，**生まれ育った家族**と，結婚や養子縁組などによって自分が**つくる家族**の2種類があり，前者を**定位家族**や**出生家族**，後者を**生殖家族**，**創設家族**などと呼んでいる。また，家族構成の面から家族を分類すると，「夫婦と未婚の子」「夫婦のみ」「ひとり親と未婚の子」からなる家族を**核家族**といい，夫婦の親やきょうだいなど，核家族以外のメンバーを含む家族を**拡大家族**という。祖父母，子世代夫婦，孫世代のメンバーからなる三世代家族も，拡大家族の一つである。

3）家族の類似概念としての世帯・戸籍

　一般に家族とは，夫婦，親子，きょうだい，その他の近親者による，居住や生計のつながりをもつ人々の集団のことを指す。しかし，現実の家族の形態はさまざまであり，外見から個々の家族を特定しにくい。そこで，統計上では世帯という概念を用いて家族を把握している。

　世帯とは「居住と生計を共にする人々の集まり」であり，一戸を構えて住む単身者も1世帯と数える。単身赴任や進学・就職で家を離れたものは別の世帯となり，世帯と家族には多少のずれはあるが，おおむね家族の範囲と重なる。国勢調査をはじめ，種々の社会調査では，家族の代わりに「世帯」を用いて現実の生活集団をとらえており，私たちが用いる家族に関する統計データの多くは，実のところ「世帯」のデータである。

　家族として誰が法律上の権利をもち義務を負うのか，という観点から家族の範囲を明確にするのが戸籍である。**戸籍**とは，個人の出生から死亡までの家族歴を記録する公文書であり，その人がいつ，誰の子どもとして生まれ，誰と結婚し，いつ子どもが出生したか，などの情報が記される。その記載に基づき，法律が定める扶養義務や相続などの権利を，誰が，誰に対してもつのか確定される。戸籍は夫婦単位で編成され，子どもは親の戸籍に記載されるが，結婚する際に親の戸籍を離れ，配偶者とともに新たな戸籍を編成する。

（2）同一家族意識，ファミリー・アイデンティティー

単身赴任の父や，進学・就職で家を離れた子について，別居でも家族だと感じる人は多いが，「配偶者の親やきょうだい」「子の配偶者」などを家族と思うかどうかは，居住関係に加えて，関係の良否や個人の感じ方，価値観によっても左右される。このように，私たちが家族かどうかをはかる要素には，血縁，同一居住，同一生計などの客観的な要素だけでなく，**同一家族意識**という主観的要素がある。

「私の家族はこのメンバーである」という家族の認識を**ファミリー・アイデンティティー**[1]といい，個々の成育歴や家族歴などと深くかかわって形成されている。家族支援においては，外見上の家族や，社会制度上の家族像と合致しなくても，そのファミリー・アイデンティティーに配慮し，相手の家族認識を否定せずに受けとめる姿勢が，信頼関係の形成に欠かせない。亡くなった夫や子どもが生きているかのように話題にする姿には，現存メンバーだけが家族ではないことを察して接する必要がある。また，過去の家族経験や認知症などにより，現在の家族を自分の家族とは思えない人に，無理やり家族を受け入れさせることも避けたい。人によっては，ペットもかけがえのない家族である。その方が誰を家族と感じ，誰を家族と感じられないのかを，穏やかなかかわりをもちながら見極めていく姿勢が必要である。

また，家族の冷淡な態度や無関心に対して，支援者の一方的な価値観で批判することも避けなければならない。家族の関係には，外からはうかがい知れない歴史が反映されており，これまでの対立や葛藤，暴力などの結果が，現在の無関心や虐待につながっていることもある。患者・入所者と家族との関係に目を向けながら，双方のファミリー・アイデンティティーに配慮し，個人や家族の問題解決に向けて支援していくことが必要である。

（3）家族の機能

工業化以前の社会において，家族は，生産・消費を担う経済機能をはじめ，子を産み育て教育する機能，病人・老人を看護し世話をする保護機能，娯楽，宗教行事や冠婚葬祭など多くの機能を担っていた。現代では，学校や福祉施設，病院などの専門機関に移行し，家族の機能は縮小した。しかし，愛情や精神的な安定をもたらす機能をはじめ，家族の衣食住を整え健康や安全を保つ機能，子を産み育てる機能，家庭における看病や介護・扶養の機能において，今も家族の役割への期待は大きい。

家族の小規模化や既婚女性の就労化，医療・介護の高度化は，家族だけで家事や育児・介護の機能を十分に遂行することを難しくさせており，専門職がその役割を補完・代替しつつ，家族の自立を支援することが社会的な課題となっている。社会の基礎単位としての家族が，その役割を果たせるよう，社会全体で支えていかなくてはならない。

ワークシート ● 具体的事例から理解を深めよう

作業1

「サザエさん」一家を題材に，世帯，戸籍，ファミリー・アイデンティティーについて理解を深めるために，①〜⑥の問いに答えましょう。

右の図は，サザエさんの家族関係を示しています。マスオさんは，サザエさんの実家に同居していますが，磯野家の婿養子ではありません。フルネームは「フグ田マスオ」で，サザエさんもタラちゃんもフグ田姓を名乗っています。

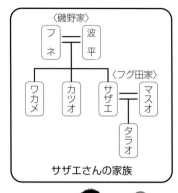

サザエさんの家族

① 波平にとって世帯のメンバーは誰？ ・波平	② マスオにとって世帯のメンバーは誰？ ・マスオ
③ フネと戸籍を同じくするメンバーは誰？ ・フネ	④ サザエと戸籍を同じくするメンバーは誰？ ・サザエ
⑤ ファミリー・アイデンティティーの視点から，マスオにとっての「家族」は誰？ ⇒なぜそう思うのかも書きましょう。 ・マスオ	⑥ ファミリー・アイデンティティーの視点から，サザエにとっての「家族」は誰？ ⇒なぜそう思うのかも書きましょう。 ・サザエ

ワークシートの考え方

このワークシートの目的は，誰もが知っているサザエさんを題材に，戸籍，世帯，ファミリー・アイデンティティーの視点から，「その人にとっての家族」を考えることにあります。私たちは，「家族とはこういうもの」という偏った見方にとらわれていることが少なくありません。しかし，援助者には，援助を必要とする人の家族認識を尊重する姿勢が必要であり，できるだけ特定の家族認識や家族観にとらわれないように注意しなければなりません。さまざまな家族の考え方があり，正解は1つではないことに気づくために，自分の考えだけでなく，グループでそれぞれの考えを話し合いましょう。

作業 2

よく知られている童話や物語の登場人物について，誰が家族だと思うか，なぜそう思うのかをグループで話し合ってみましょう。

① シンデレラにとっての家族：父，亡くなった母，継母，姉娘 2 人，王子

② 白雪姫にとっての家族（王妃が継母だった場合と実母だった場合を考えます）：
　父（王），白雪姫を殺そうとする王妃，7 人の小人，王子

③ ヘンゼルとグレーテルにとっての家族：父，母，お菓子の家のおばあさん

④ かぐや姫にとっての家族：おじいさん，おばあさん，月からの迎えの天人，5 人の求婚者，帝

⑤ 桃太郎にとっての家族：おじいさん，おばあさん，犬，猿，雉（キジ）

作業 3

以下の事例を読み，設問に答えましょう。

〈事例〉
　川村文子さん（83歳，女性）は，認知症のために家事や日常生活の手順がわからなくなってしまい，夫と離れて特別養護老人ホームに入所しています。昨年まで夫婦一緒に暮らしていましたが，文子さんの介護に夫の武さんが疲れてしまい，文子さんをたたいたり，怒鳴ったりしていることにデイサービスの職員が気づき，系列の特別養護老人ホームに緊急入所となりました。
　夫婦には長男と長女がいましたが，家業を継いでいた長男は病気で亡くなり，その妻と孫 2 人は，妻の実家に戻ってしまいました。長女は遠方に嫁いでおり，入所の手続きに来所されたものの，武さんの日常的な世話を担うことはできません。武さんは週 1 回のデイサービスと配食サービスを利用しながら自宅で生活を続けています。

① 文子さんの戸籍上の家族メンバーは誰ですか。世帯のメンバーは誰ですか。

② 文子さんにとって，誰が家族だと思いますか。ファミリー・アイデンティティーの視点から考えましょう。

③ ②についてのあなたの考えをグループの中で互いに報告し，共通点や相違点について，なぜそう思ったのかを話し合いましょう。

2. 家族の変容

（1）世帯からみる家族の変化

1）世帯規模の縮小

昔の家族は大家族だったというイメージが強いが，統計から世帯の人数をみると，初めて国勢調査が行われた1920（大正9）年から1950年代初めまで，平均世帯人員は5人前後だった。しかし，1960年頃から急速に減り始めて，2015年には2.33人まで半減，家族の小規模化が進んでいる。背景には，夫婦当たりの子ども数の減少，夫婦のみの世帯や単独世帯の増加などの要因がある。家族規模が小さくなると，人間関係は単純化し，複数の人間関係の中で生じるあつれきや葛藤を回避できるプラスの側面がある。しかし，生活を営むためのさまざまな役割を少人数で担うため，役割代替が難しく，家族の危機対処能力や機能遂行能力が弱まるというマイナス面にも直面している。

2）三世代家族の動向

子どもと同居している高齢者は，1960年の国勢調査では87％と大勢を占めたが，2012年には40％まで減り（国民生活基礎調査），同居率の低下傾向が続いている。かつて主流だった祖父母と孫のいる三世代の暮らしから，夫婦のみ，1人で暮らす高齢者が増え，子どもと同居しないライフスタイルが選ばれるようになっている（図1-1）。

子どもと同居の場合も，成人した未婚子との同居が増え，親の介護を独身の子どもが担うケースも目立つようになった。同居率は低下したが，高齢者数はこの50年間に5倍に増え，実数では子どもと同居する高齢者は増えているので，同居や介護の問題は拡大し，多様化している。核家族を基本とする欧米先進諸国では，高齢者と子の同居率は2割以下であることと比較すると，日本の同居志向はいまだに根強い。

3）子どものいる世帯の動向

少子化の進行により，今や全世帯のうち，子どものいる世帯は4分の1にすぎない。18歳未満の子どもが，核家族で暮らしているのか，祖父母なども含めて暮らしているのかをみると，1975年には核家族で暮らす子は67.4％，祖父母を含む親族世帯の割合は31.2％だった。2010年になると，核家族80.0％，親族世帯19.4％と，核家族で暮らす子どもがますます増え，祖父母と同居する子どもの割合は「3人に1人」から「5人に1人」に減ってしまった。また，核家族のうちひとり親と子どもの世帯は1割を占め，その割合は増え続けている。家族の中で異世代・複数のメンバーから学んだり，種々の情報や知恵をやりとりできる機会をもてる子どもは少なくなっている[2]。

（2）結婚・離婚をめぐる変化

50歳までに一度も結婚したことのない人の割合（生涯未婚率）は，1920年の国勢調査で男2.2％，女0.8％で，結婚しない人生はまれだったが，1970年頃から**晩婚化・非婚化**が進み始め，2015年には50歳の男性の2割，女性の1割が結婚していない。かつて結婚は家の

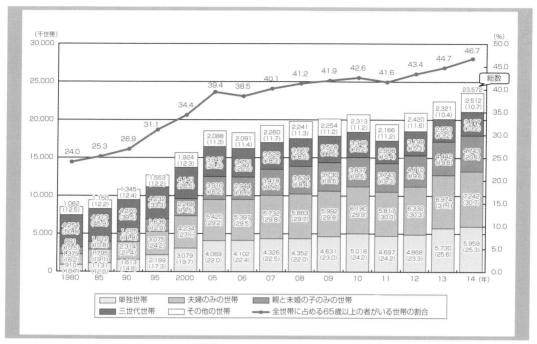

図1-1 高齢者のいる世帯数と構成割合，全世帯に占める高齢者のいる世帯の割合

資料：1985年以前の数値は厚生省「厚生行政基礎調査」，1986年以降の数値は厚生労働省「国民生活基礎調査」による
(注1) 1995年の数値は兵庫県を除いたもの，2011年の数値は岩手県，宮城県及び福島県を除いたもの，2012年の数値は福島県を除いたものである。
(注2) ( ) 内の数字は，65歳以上の者のいる世帯総数に占める割合(％)
(注3) 四捨五入のため合計は必ずしも一致しない。

出典）内閣府：「平成28年版高齢社会白書」，p.13（2016）

ためのものであり，相手を選ぶのは親だったが，現代では，結婚するかしないかも含めて本人同士が決めるものになった。離婚や再婚への許容度もひろがり，結婚しないでパートナーと暮らすことや非婚シングルマザーの子育て，同性愛のカップルもみられるようになり，家族形成についての人生の選択肢は多様化している。

(3) 子育てをめぐる変化

　子どもを産み育てることには，両親をはじめ，親族や近隣社会などの多くの人々がかかわってきた。しかし，世帯規模が縮小して家族の中の協力者が減り，都市化により地域社会や親族とのつながりも希薄化すると，多くの母親は，孤立状態の中で子育てしなくてはならなくなった。身近に相談できる人がなく，育児不安や育児ストレスを抱えて悩む母親が増え，児童虐待のリスクも高まった。一方，経済は低迷し，共働きしようにも待機児童問題が立ちはだかるため，子育てと就労の両立に悩んで，第2子，第3子をあきらめる母親も少なくない。少子化の背景には，子どもを産むことをためらわせる高額な子育て費用の問題や，子育てする男女が就労しにくい雇用環境の問題がある。家族が多様化する中で，安心して子どもを産み育てられる社会を目指し，子育てと就労を両立させる子育て支援政策が求められている。

家族観の変容と介護[3]

　日本人の家族観は，第二次世界大戦後にアメリカの占領下で新憲法の制定，民法改正などの改革を経て，大きく変容しました。「子ども（特に長男）が高齢の親と同居すべきである」という規範も例外ではありません。戦前の「家」制度の下では，長男は「家」の財産を単独相続する権利とともに，親の扶養を引き受ける義務を負っていたため，跡継ぎである長男夫婦は，親と同居して日常生活の世話を行い，病気になれば介護をして親のために尽くすことが当然とみなされていました。

　ところが，戦後に「家」制度が廃止され，性別や出生順による一切の差別が取り払われたため，法律上はどの子にも等しく相続の権利が与えられ，親の扶養の義務も平等となりました。この結果，同居や介護の苦労を引き受けた子も，何もしなかった子も，相続に際して同等の権利をもつことになり，同居によるメリットが見込めない場合，同居や介護は割に合わないという意識を生み出しました。特に女性の場合，嫁の立場で介護にかかわっても相続権はなく，夫の親を介護するより自分の親を看たいと考える傾向が強まりました。高齢層を中心に根強く残っている「長男家族と同居して嫁に介護してもらいたい」という期待は，介護を担う世代にとっては受け入れにくくなっているのです。

　法制度の変化のみならず，少子化や家族規模の縮小，既婚女性の就労化など，家族を取り巻く社会環境の変化も，介護をめぐる意識の変容を促しました。これまで家族の中で介護を担ってきた高齢世代にしてみれば，嫁の介護離れや家族によらない介護などに納得しがたい思いがあるかもしれません。

　援助者として家族に介入する場合には，両世代の家族観に理解を示しつつ，家族の介護力を維持するためにも，福祉サービスを活用することのメリットを伝えていくことが必要でしょう。

2．家族の変容

ワークシート ● **家族の変化について考えてみよう**

作業1

なぜ家族の小規模化が進んだのでしょうか。社会の動きや，考え方の変化などの要因について考えましょう。また，家族の小規模化が私たちの生活にもたらす具体的な影響をあげてみましょう。

作業2

なぜ晩婚化や未婚化が進んでいるのでしょうか。社会の動きや，考え方の変化などの要因について考えましょう。また，晩婚化・未婚化があなたの生活や人生にもたらす具体的な影響を考えましょう。

作業3

子どもが小さいうち（学齢以前）に母親が働くことについて，賛成意見と反対意見をもつ人に分かれて，なぜそう思うのかをグループで話し合いましょう。また，話し合いを通して，自分の意見はどう変わったか，変わらなかったか，どのような意見に心を動かされたかなどをノートにまとめましょう。
① 賛成派と反対派のディベートを行います。数人単位のグループごとに賛成（または反対）の理由を整理し，代表（複数でもよい）がグループの主張を発表します。
② 発表を聞いたあと，その内容を吟味し，どのように反論するかをグループで検討します。
③ 検討を踏まえて，再び，反論を含めて賛成（または反対）の主張を代表が行います。

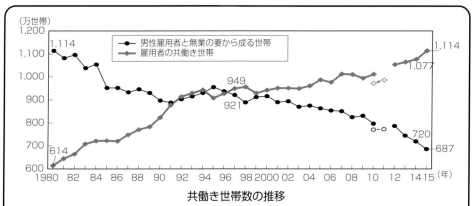

共働き世帯数の推移

(備考) 1．1980年から2001年までは総務庁「労働力調査特別調査」（各年2月。ただし，1980年から82年は各年3月），2002年以降は総務省「労働力調査（詳細集計）」より作成。「労働力調査特別調査」と「労働力調査（詳細集計）」とでは，調査方法，調査月等が相違することから，時系列比較には注意を要する。
2．「男性雇用者と無業の妻から成る世帯」とは，夫が非農林業雇用者で，妻が非就業者（非労働力人口及び完全失業者）の世帯。
3．「雇用者の共働き世帯」とは，夫婦共に非農林業雇用者（非正規の職員・従業員を含む。）の世帯。
4．2010年及び11年の値（白抜き表示）は，岩手県，宮城県及び福島県を除く全国の結果。

3. 家族と法律

(1) 家族間の権利義務

　日常生活の中で，家族の権利や義務を意識する機会は少ないかもしれない。しかし，結婚，離婚，子どもの出生，子や老親の扶養，相続などをめぐって問題が生じたとき，トラブルへの対処や回避のために，法律の知識は大きな助けとなる。自らの生活についてはもちろん，専門職として人を援助する立場からも，正しい知識を身につけたい。

1）結婚をめぐる法律

　結婚を役所に届け出るのはなぜだろうか。恋人関係や同棲と異なり，**婚姻届**を出すことによって，同居・協力・扶助の義務，貞操を守る義務が生まれ，互いの財産や相続の権利も法律によって保護されるからである。事実婚や内縁など届け出のない関係では，明確な権利義務がなく，責任を負わなくてよい反面，配偶者としての権利は認められにくい。

　婚姻の成立には，結婚する2人の合意をはじめ，**婚姻要件**（表1-1）を満たす必要がある。これらの要件を満たして婚姻が成立すると，夫婦の間には共同生活上の権利義務関係が生じる（表1-2）。

表1-1　婚姻の成立要件

①	満18歳に達していること（民法731条）
②	重婚でないこと（民法732条）
③	女性の再婚禁止期間（100日）を過ぎていること（民法733条）
④	直系血族または3親等内の傍系血族との結婚でないこと（民法734条）

表1-2　婚姻によって生じる効果

①	夫婦間には同居・協力・扶助の義務がある（民法752条）
②	夫婦は共同生活に必要な費用を分担する（民法760条）
③	夫婦は互いに配偶者相続権をもつ（民法890条）
④	夫婦間の契約は一方的に取り消すことができる（民法754条）

2）離婚をめぐる法律

　離婚の成立には互いの合意と**離婚届**の提出が必要である。離婚には「協議離婚」「調停離婚」「審判離婚」「裁判離婚」の4つの類型があり，最も多いのは**協議離婚**である。方法は手軽で，夫婦の合意があれば，離婚届の提出・受理によって離婚が成立し，離婚全体の9割を占める。調停離婚は8～9％，裁判離婚は1％にすぎず，審判離婚は年間100件程度と，ごく少ない。

　調停は，離婚の合意が得られない場合や，親権，養育費，財産分与などの条件面で協議がまとまらない場合に利用される。家庭裁判所で調停委員が双方の言い分を聞き取り，協議をまとめる手助けをする制度で，配偶者の暴力や脅迫により話し合いができない場合や，不利な条件で離婚を迫られる場合には調停の利用を視野に入れたい。

　調停が不調に終わった場合は，家庭裁判所に離婚訴訟を起こし，法廷での判決に従う。裁判の申立てには一定の理由（法定離婚原因）が必要で，①配偶者の不貞，②悪意の遺棄，

③生死不明3年以上，④回復の見込みのない強度の精神病，⑤その他婚姻を継続しがたい重大な理由，のいずれかに該当しなくてはならない。

夫婦の共有財産は離婚の際に分割されるが，それとは別に，離婚の原因をつくった側（有責配偶者）に対して，慰謝料を請求することができる。また，未成年の子がいる場合は，同居しない親は養育費を支払わなければならない。

3）親と子をめぐる法律

法律上の親子関係には，大きく分けて，血縁による実の親子関係と養子縁組による親子関係があり，どちらも権利義務は等しい。実子には，婚姻関係から生まれた嫡出子と，婚姻外で生まれた非嫡出子の区別があり，非嫡出子の相続権は長らく制限されていたが，2013（平成25）年12月に民法の一部が改正され，両者の相続分は同等になった。

親は未成年の子に対して**親権**をもち，子どもは親の親権に従わなければならない。親権の内容には，①子どもの監護・教育の権利と義務，②居所指定権，③懲戒権，④職業許可権，⑤法律行為の代理権，⑥財産管理権，などがあり，義務と権利の両面をもつ。また，他者の介入を排除し，親による子育ての自律性を認めるという側面もある。

通常は両親が共同で行使するが，離婚する場合には，父母どちらが親権者になるかを決める。子が養子であるときは養親が親権をもち，親権者がなく児童福祉施設に入所中の児童は，施設長が親権を行使する。

親子間の**扶養**については，親が未成熟な子を扶養する義務を負うのはもちろんだが，年老いた親に対して，すべての子が扶養義務を負う（民法877条）。その義務の程度は，親から未成熟子に対しては，親と同程度の生活を保障する義務（生活保持義務）であり，子からは，自分と家族の生活に余裕があれば援助する義務（生活扶助義務）である。

（2） 相続と遺言

死亡した者の遺産を受け継ぐことを**相続**といい，民法では，遺産を受け継ぐ相続人の範囲（法定相続人）と取り分（相続分）を規定している（図1-2）。

1）法定相続人

法定相続人になるのは，配偶者と子である。子が亡くなっている場合にはその権利を孫が受け継ぐ（**代襲**相続という）。子も配偶者もいない場合は，①直系尊属（父母や祖父母），②兄弟姉妹，③甥・姪，の順に相続人になる。

2）相 続 分

配偶者の**相続分**は，①子と相続する場合は遺産の2分の1，②直系尊属と相続する場合は3分の2，③兄弟姉妹と相続する場合には4分の3となる。これらの血族がいないときには，配偶者がすべて相続する。一方，子の相続分は，故人に配偶者がある場合は遺産の2分の1，配偶者がない場合は遺産のすべてを，子の人数で均等に分ける。孫が代襲相続する場合は，子の相続分をそのまま受け継ぐ。

なお，故人に特別な貢献をした相続人がいる場合，遺産の中からその**寄与分**を除いた残りの遺産を法定相続どおりに分割し，貢献した相続人に寄与分を上乗せできる。故人と事

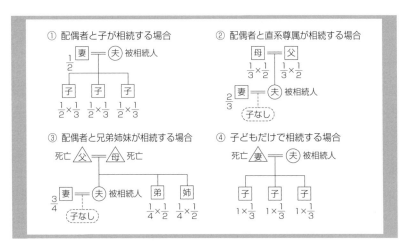

図1-2　法定相続分

業経営を行っていた場合や，1人で介護を担った場合などが該当する。ただし，子の配偶者の立場で介護を担った場合には，法定相続人ではないため寄与分の恩恵はない。

3）遺　　言

　遺言を作成しておくと，遺産を誰が受け継ぐかについて自分の意思を反映させることができ，15歳以上であれば誰でも遺言できる。相続のトラブルを回避するには，法律上有効な遺言書を作成しておくことが望ましい。子のない夫婦の場合，夫の死後にその兄弟姉妹などが相続の権利を主張して，残された妻の生活を脅かすケースがある。このような場合，妻に全財産を残すことを遺言書に明記しておけば，夫の傍系親族からの遺産分割請求を退け，妻の生活を保障できる（ただし，直系親族には遺留分がある）。

　しかし，すべてが遺言どおりに執行されるわけではない。遺族の生活を省みない遺言に対しては，遺族の生活保障のために法定相続分の一部を残しておく**遺留分**制度があり，配偶者・子は相続分の2分の1，直系尊属は3分の1を遺留分として請求できる。ただし，兄弟姉妹や，その代襲相続人である甥・姪には遺留分はない。

　遺言の方式には，①自筆証書遺言，②公正証書遺言がある。①は，**本人が全文を自筆で書き，作成の年月日と署名，押印を必要とする**が，費用をかけずに誰でも書ける手軽さ・便利さがある。ただし，自筆かどうか，法律上の形式が備わっているか，内容は明確か，などの点で，後日争いになったり紛失のリスクもあるため，費用をかけても安全・確実な遺言を作成したい場合は②の方法が無難である。

　遺言書を発見したときは，ただちに開封せず，家庭裁判所で検認の手続きを行う。勝手に開封・閲覧すると法的効力を失う場合もあるので，注意が必要である。

　なお2020（令和2）年7月から，法務局による自筆証書遺言保管制度が始まり，遺言書の紛失や改竄などを防ぐ低額のサービスが登場した。今後の利用拡大が見込まれている。

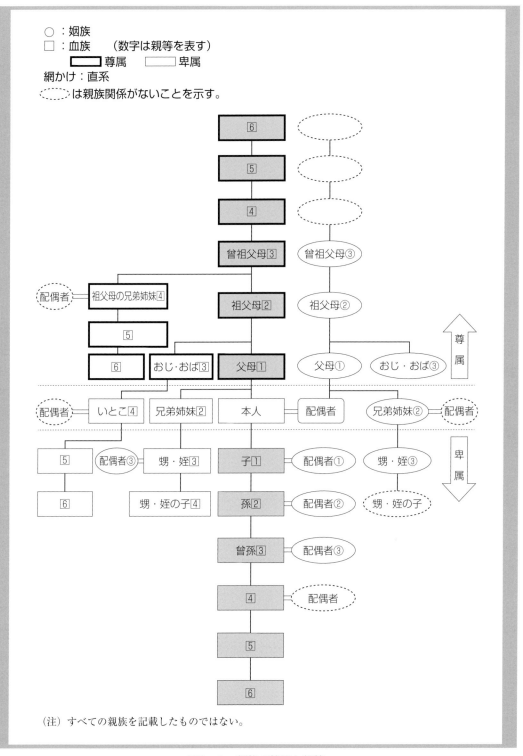

図1-3　親族の範囲と親等

出典）田中千草ほか監修:『平成28年版図解民法（親族・相続）』，大蔵財務協会，p.6（2016）

ワークシート ● 家族・親族に関する用語の意味を確認しよう

作業

次の囲みの中の家族・親族に関する用語の意味を調べましょう。

| 1. 親族 | 2. 血族 | 3. 姻族 | 4. 親等 |
| 5. 直系 | 6. 傍系 | 7. 尊属 | 8. 卑属 |

―――――――――――――――――――――――――――――
―――――――――――――――――――――――――――――
―――――――――――――――――――――――――――――
―――――――――――――――――――――――――――――
―――――――――――――――――――――――――――――
―――――――――――――――――――――――――――――
―――――――――――――――――――――――――――――
―――――――――――――――――――――――――――――
―――――――――――――――――――――――――――――

ワークシート ● 事例から,離婚・相続・遺言について考えよう

作業1

以下の事例を読み,設問に答えましょう。

〈事例1〉

実習先の有料老人ホームで出会った柴山一さん（77歳・男性）は,10年前に駆け落ちして以来消息のなかった妻が,突然現れて復縁を求めてきたことに困惑しています。「いまさら復縁する気はないし,どうせ遺産目当てだろう。この際,離婚の手続きを取ろうと思っているんだが,妻はやり直したいの一点張りで,離婚届に署名をしてくれなくてまいるよ。いっそ,妻の代わりにサインしてくれないか」と頼まれました。

① 柴山さんの力になるために,あなたならどう答えますか。
―――――――――――――――――――――――――――――
―――――――――――――――――――――――――――――

② 柴山さんの離婚の手続きをすすめるには,どのような手順が必要でしょうか。必要な手続きや,どのような専門職と協力できるかを調べましょう。
―――――――――――――――――――――――――――――
―――――――――――――――――――――――――――――

作業2

以下の事例を読み，設問に答えましょう。

> 〈事例2〉
> 渡辺さん夫妻には子どもがいません。妻の竹子さん（82歳）には，夫以外に身寄りはなく，夫の秀次さん（79歳）は，亡くなった妹の子ども（甥と姪）と，年賀状程度の付き合いが続いています。竹子さんは，去年夫を亡くした知人から，葬儀のあと夫の甥から遺産を請求され，長年住んだ家を処分することになったと聞きました。自分も同じ境遇になるのではないかと不安ですが，甥や姪を可愛がっていた夫には悩みを打ち明けていません。

① 夫婦が住む家と土地は秀次さん名義，土地家屋の資産価値を2,000万円として，秀次さんが亡くなったら，竹子さんと夫の甥・姪たちの相続分はいくらになるのか，計算してみましょう。

② 竹子さんの不安を取り除くために，秀次さんに遺言作成を提案します。
　a．秀次さんに書いていただきたい遺言書のひな型をつくってみましょう。

　b．秀治さんに遺言作成の必要性を納得していただくには，どのような働きかけや伝え方をすればよいでしょうか。グループで話し合ってみましょう。

ワークシートの考え方

援助対象者が家族の問題に困っているとき，相談を受けたらどのような対応ができるでしょうか。相手の心配や不安の軽減，問題解決への援助として，法律の基本知識を活用してどのようなかかわり方をすればよいかを考え，他の専門職との協力も視野に入れ援助を組み立てましょう。

4. 生活史

（1） 生活史の意義と効果

　福祉や介護、看護の現場で、援助やケアの対象として出会う人々に対して、どのような援助やケアが必要なのかを探るために、援助の専門職はさまざまな情報を集める。現在の問題状況や病状、障がい状況、ADL、家族の状況などを知るだけでなく、これまでの生活、人生をどのように生き、経験を重ねてきたのか、その生活史を知ることによって、対象者とその問題状況への理解を深め、問題改善に向けたより質の高いケアの提供や自立の支援が可能となる。

　生活史とは、個人の生活の歴史であり、社会福祉領域では、児童、高齢者、障がい者の理解や生活問題のアセスメント、支援計画の作成に不可欠な情報・資料として活用される[4]。また、看護領域では、高齢者に生活史を語ってもらうことにより、表情の変化、日常生活の活動力や意欲に変化がみられ、過去を振り返ることで、自尊感情の高まりや自己肯定がみられること、生きる力を強め、問題解決によい影響があることが報告されている[5]。

　このように、生活史は、個別理解を深め、ケアに生かせる個人情報や個別ケアの手がかりをもたらす効果があるのみならず、語り手にとっても、自尊感情や自己肯定にプラスの効果があり、QOLの向上が期待できる。

　一方、ケアに携わる専門職でなくとも、他者の生活史を聞き取るという取り組みは、相手のことを知り、その体験や思いに耳を傾けたり、思いがけないエピソードに驚いたり、笑ったり、一緒に涙を流したりすることを通して、聞き手と語り手の距離を縮め、コミュニケーションを深める一助になり、語り手との間に信頼関係を構築していくうえでも有益な取り組みといえる。

（2） 生活史の聞き取り

　インタビューにより生活史を聞き取ることを通して、語り手だけでなく、似通った境遇や環境のもとにある人々への理解を深めることができる。ここでは、インタビューの実施にあたり、必要な事前準備と、インタビューでの留意点、事後学習の手順について学ぶ[6]。

1）インタビューに先立つ準備

　インタビューを実施する前に、語り手の年齢に応じて、その時代や地域の特徴についての知識を得ておくと、質問が具体的になり、話が理解しやすくなる。実際にインタビューを行った学生に感想を聞くと、事前準備の不十分さを悔やむものが多いため、以下の①～⑤に示す事前学習や準備を行ったうえで、インタビューに臨むことをすすめたい。

　① 社会の大きな動きや歴史的な事件・災害・戦争などについて、語り手が何歳のときに起きたものかを年表上にまとめる。流行や風俗、娯楽、家電製品の登場などについても、年表上にメモしておくと、具体的な体験の記憶を引き出すために役に立つ。

　② 語り手が暮らす地域の気候や地理、産業、伝統行事などを調べ話題を広げる。

表1-3 生活史を聞くインタビューの質問項目例

生い立ち	出生年・出生地・家族構成・名前の由来・家業・暮らしぶり
遊びや手伝い	何をして遊んだか，家庭や地域での手伝い
学校生活	学校での出来事，友だちとの関係，好きな教科，学校行事
衣食住	主食や副食，おやつ，冠婚葬祭のご馳走，食卓，食事作法，しつけ 和服か洋服か，手製か既製品か，履き物（下駄・わらじ・ズック） 住宅の造り・間取り，水道か井戸か，風呂の有無・入浴頻度，トイレ，電化製品
職業・仕事	何歳で就職したか，職業歴，仕事の苦労・やりがい・楽しみ
結婚・恋愛	何歳で誰と，結婚のいきさつ，見合いか恋愛か，結婚式や披露の形態（服装・場所），結婚費用や家財の準備はどうしたか，結婚観について
家族	夫婦・親子の関係，親族・嫁姑関係の苦労の有無，勢力関係
家庭での役割	家事，育児，介護，近所づきあい
子ども	人数，子育ての苦労や忘れられない思い出
戦争や災害の体験	戦災・被災の体験，身近な人の戦死，窮乏生活の困難

③ 図書館や博物館，インターネットを利用して，映像・写真・現物から，語り手の暮らしのイメージをもっておくと，語られる内容を理解しやすい。
④ 話の中に多くの関係者が登場するケースでは，知る範囲で家族・親族・知人・友人などの関係図をつくっておくと，話題にあがった人物との関係が把握しやすくなる。
⑤ 聞きたいことはあらかじめリストを作成し，関連する事項ごとにまとめておく。

2）何を聞くか

語り手を知ることに主眼を置く場合は，語り手の大切な思い出やエピソードならば，何であれ，聞いてみる価値はある。語り手が高齢者ならば「昔のお話を聞かせていただけますか」などの問いかけから始め，若い世代，例えば，子育てに悩むお母さん自身の生活史を把握したいなら，「あなたの生い立ちや子どもの頃のご両親との思い出を聞かせてください」とお願いしてみるとよい。話したがらない事項は深追いせず，相手が語りやすい話題を選ぶ。質問項目の例を表1-3に示す。

3）インタビューの実施と記録の編集

語り手に，インタビューの目的と，記録を作成し学習のために活用することを説明して承諾を得る（録音にも承諾が必要である）。語り手の事情や体調を優先し，何回かに分けて聞いてもよい。語り手のペースを尊重し，傾聴と共感的な応答を心がける。語られた内容を筆記して記録化する場合，時系列に，関連する事項ごとに並べ替えるなどの編集を行い，情報を共有する際には，必要に応じて個人情報にイニシャルや仮名を用い，内容の取捨選択を行う。

ワークシート ● 身近な高齢者に生活史を語っていただくインタビューを行ってみよう

作業1

語り手がたどった時代についての基本的な情報を得るために，インタビューの前に，あらかじめ以下の年表に年齢を入れてみましょう（生まれた年の年齢欄に0（歳）と記入し，年齢をおおよそ10歳ごとに書き入れます）。

西暦(年)	元号(年)	社会の主な出来事	年齢	語り手に起きた出来事
1914	大正3	第1次世界大戦勃発		
1918	7	米騒動		
1923	12	関東大震災		
1925	14	ラジオ放送開始		
1926	昭和元	大正天皇没・昭和天皇即位		
1927	2	金融恐慌		
1929	4	世界大恐慌		
1931	6	満州事変勃発		
1937	12	日中戦争勃発		
1939	14	第2次世界大戦勃発		
1941	16	太平洋戦争勃発		
1945	20	東京大空襲 広島・長崎原爆投下，終戦		
1946	21	戦後の窮乏生活		
1947	22	日本国憲法施行		
1950	25	朝鮮戦争による特需景気		
1953	28	テレビ放送開始		
1956	31	神武景気		
1959	34	皇太子ご成婚		
1961	36	人類初の有人宇宙飛行		
1964	39	東京オリンピック		
1972	47	沖縄本土復帰		
1973	48	第1次石油危機・物価高騰		
1986	61	男女雇用機会均等法施行		
1989	平成元	昭和天皇没・今上天皇即位		
1990	2	バブル経済崩壊		
1995	7	阪神・淡路大震災		
1997	9	介護保険法成立		
2000	12	年金制度改正法成立		
2001	13	アメリカ同時多発テロ事件		
2007	19	世界金融危機		
2011	23	東日本大震災		
現在				

作業2

語り手の生きた時代をイメージするために，電気・ガス・水道・電話などの設備や生活必需品の普及率を調べましょう。参考として下に耐久消費財の普及率の図を示します。

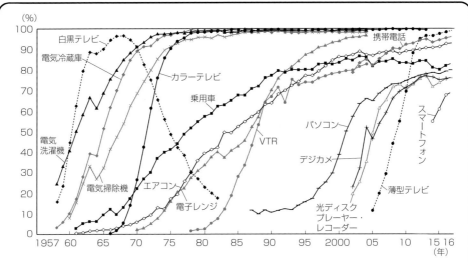

主要耐久消費財の世帯普及率の推移（1957〜2016年）

（資料）内閣府「消費動向調査」
（注）単身世帯以外の一般世帯が対象。1963年までは人口5万以上の都市世帯のみ。1957年は9月調査，58〜77年は2月調査，78年以降は3月調査。05年より調査品目変更。デジカメは05年よりカメラ付き携帯を含まず。薄型テレビはカラーテレビの一部。光ディスクプレーヤー・レコーダーはDVD用，ブルーレイ用を含む。カラーテレビは2014年からブラウン管テレビは対象外となり薄型テレビに一本化
出典）社会実情データ図録：「主要耐久消費財の世帯普及率の推移」

作業3

インタビューを通して知った，語り手に起きた出来事（例えば入学，卒業，就職，結婚，出産，子どもの入園入学……卒業，就職，親の死亡……など）を年表上にメモしましょう。

作業4

インタビューを記録したあとに，グループでの意見交換を行いましょう。各自がインタビューした生活史の記録を，5人程度のグループに分かれて互いに読み，感じたことや気づいたこと，疑問点についてディスカッションを行い，それぞれの気づきや学びを共有化しましょう。

 生活史と生活歴の違い

アメリカの看護学者レイニンガー（Leininger,MM）によれば，「生活史の聴取は，個人の思考と経験を年代的な流れをおってその人の独自の視点でとらえる専門的な方法であり，個人の主観的・客観的生活経験をその人の記憶や回想をもとに自己開示させる方法」[7]であるといいます。つまり，**生活史**には，語り手本人がその出来事や体験をどうとらえているか，という語り手の視点が含まれるのに対して，**生活歴**は，個人の体験を時系列に沿って客観的に記述し，語り手の視点は含まない点で異なっています。

5. 家　　計

(1) 経済と家計

　経済とは，生活に必要なモノやサービスを，生産，流通，交換，分配，消費する活動のことをいう。そして，これらの経済活動を通じて形成されるのが経済社会である。この経済社会の中で，国内の経済活動は，国民経済の3主体（政府，企業，家計）によって担われている。また，外国と財・サービスやお金を交換することを貿易という。この貿易により，国際経済が構成され，多くの国の国民経済を結びつけることで，世界経済が形成されている（図1-4）。

　一方，国民経済の一主体としての家計は，消費活動により，企業が生産した商品やサービスを購入し，その代金を企業に支払う。同時に，家計は，企業（政府）に労働力を提供することで，賃金を得ている。また，政府（国や市町村等）に税金を支払い，政府からは，各種の公共サービス等が提供されている。これら3つの経済主体を金融面から支えているのが，銀行や郵便局などの金融機関である。

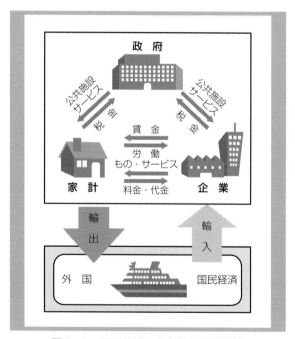

図1-4　国民経済の3主体と国際経済

(2) 家計のしくみ

1) 家計とは

家族・個人は，収入労働と家事労働によって，日々の暮らしを営んでいる。つまり，収入労働によって賃金を得て，無償労働としての家事によって生活のためのさまざまなサービスを得ることで生活している。家計とは，このお金に換算できない家事労働を除いた収入労働によって得られた収入により，消費活動を営んでいる家庭（世帯）の経済活動のことをいう。

2) 家計の収入（給料明細書の例から）

表1-4は，ある福祉施設の常勤職員（専門職）のTさんの給料明細書である。この明細書では，基本給のほかに各種手当が入って給料支給額となっている。この支給額から税金（所得税，住民税）や社会保険料（厚生年金保険料，健康保険料，雇用保険料）が差し引かれた金額が振込支給額となっている。つまり，給料支給額から税金や社会保険料などの非消費支出を支払った残りの金額が可処分所得，いわゆる手取り収入ということになる。

ここでの税金は，直接税として納める所得税，住民税である。税金の分類方法は次の3通りがある（表1-5）。

① どこに収めるかによる分類（国「国税」，地方公共団体「地方税」（「都道府県税」，「市町村税」））
② 納め方による分類（税を納める人と負担する人が同じ場合「直接税」，異なる場合「間接税」）
③ 何に対して課税するかによる分類（個人や会社など「所得課税」，消費やサービスの提供など「消費課税」，資産など「資産課税等」）

一方，社会保険料には，失業時の生活保障などのための雇用保険料，老齢・死亡・障害時のための国民年金・厚生年金保険料，医療費などのための健康保険料などがある。その他，40歳以上の人には，介護サービス・介護費用のための介護保険料がある。

表1-4　Tさんの給料明細書

（支給額）	
基本給	200,000
資格手当	10,000
住宅手当	10,000
通勤手当	7,750
夜勤手当	20,000
計	247,750
（控除額）	
所得税	4,670
住民税	7,000
雇用保険料	1,486
厚生年金保険料	18,845
健康保険料	11,184
計	43,185
（振込支給額）	204,565
（可処分所得）	204,565

表1-5　主な税金の種類

	国税	地方税	
		都道府県税	市町村税
直接税	所得税，法人税，相続税，贈与税など	道府県民税，事業税，自動車税など	市町村民税，固定資産税，軽自動車税など
間接税	消費税，酒税，たばこ税，関税など	地方消費税，道府県たばこ税，ゴルフ場利用税など	市町村たばこ税，入湯税など

出典）国税庁：「税の学習コーナー」

表1-6は，総務省「家計調査」による勤労者世帯の家計である。家計の構造は，「受取」と「支払」からなり，受取と支払の総額は，同額となる。

「受取」は，①実収入（いわゆる税込み収入であり，世帯員全員の現金収入を合計したもの）と②実収入以外の受取（繰入金を除く）（いわば「見せかけの収入」であり，現金が手元に入るが，一方で資産の減少，負債の増加を伴うもの），③繰入金（前月から持ち越した世帯の手持ち現金），からなり，「支払」と一致している。

「支払」は，①実支出（消費支出（いわゆる生活費のことであり，日常の生活を営むにあたり必要な商品やサービスを購入して実際に支払った金額）と非消費支出（税金や社会保険料など原則として世帯の自由にならない支出））と，②実支出以外の支払（繰越金を除く，いわば「見せかけの支出」で，手元から現金が支出されるが，一方で資産の増加あるいは負債の減少を伴うもの），③繰越金（当月末における世帯の手持ち現金），からなり，「受取」と一致している。

また，「実収入」から税金，社会保険料などの「非消費支出」を差し引いた額が「可処分所得」で，いわゆる手取り収入のことである。「実収入」と「実支出」との差は，プラスの場合は「黒字」，マイナスの場合は「赤字」ということになる。これは「可処分所得」から「消費支出」を差し引いた額とも同じである。そのほか生活水準を表す指標として，消費支出に占める食料費の割合を表すエンゲル係数*等がある。

*エンゲル係数（％）＝食料費÷消費支出×100
一般にエンゲル係数が低いほど生活水準が高いとされている。

表1-6　家計調査　家計収支編
　　　　収支項目分類一覧

受　取
実収入
経常収入
勤め先収入
事業・内職収入
農林漁業収入
他の経常収入
特別収入
受贈金
他の特別収入
実収入以外の受取（繰入金を除く）
預貯金引出
保険金
個人・企業年金保険金
他の保険金
有価証券売却
土地家屋借入金
他の借入金
分割払購入借入金
一括払購入借入金
財産売却
実収入以外の受取のその他
繰入金
繰入金
支　払
実支出
消費支出
食料
住居
光熱・水道
家具・家事用品
被服及び履物
保健医療
交通・通信
教育
教養娯楽
その他の消費支出
非消費支出
直接税
社会保険料
他の非消費支出
実支出以外の支払（繰越金を除く）
預貯金
保険料
有価証券購入
土地家屋借金返済
他の借金返済
分割払購入借入金返済
一括払購入借入金返済
財産購入
実支出以外の支払のその他
繰越金
繰越金

出典）総務省：「家計調査　収支項目分類一覧（平成27年1月改定）」

コラム　物　価

　商品（財やサービス）の値段を**価格**といい，種々の価格を総合してできた概念を**物価**といいます。例えば右図からすると，昨年（基準年）購入した買い物かごの中身の総額は8,000円でしたが，今年，同じ中身を購入した場合，8,800円となっています。この場合，「昨年に比べて10％，物価が上昇した」といいます。

　この基準年を100として指数で表したものが**消費者物価指数**（CPI；consumer price index）です。家計は，この消費者物価の変動に影響を受けることになります。物価の上昇率を超えて収入が増加すれば，実質収入は増えますが，収入が物価の上昇率に追いつかなければ，実質収入は目減りするからです。また，消費者物価指数は，公的年金（厚生年金や国民年金等）の給付額を物価の動きに応じて改定するための算出基準などにも利用されていて，家計にとっては重要な指標の一つにもなっています。

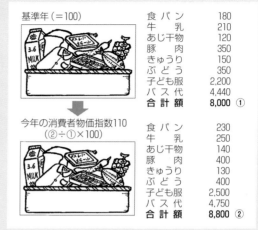

消費者物価指数の考え方

　下図は，1970（昭和45）年から2016（平成28）年までの消費者物価指数の推移（基準年：2015年）です。日本経済は，高度成長期（～1973年），安定成長期（1974～1985年），バブル期（1985～1991年），平成不況期（1992年～）と経てきました[8]が，オイルショックの発生で石油価格が高騰した1970年から1980年にかけて，狂乱物価と呼ばれるほどの**インフレ**（**物価上昇**）状態となりました。

　その後，1990年代後半からは，**デフレ**（**物価下落**）状態に入り，物価の停滞傾向が続きましたが，2022（令和4）年のロシアによるウクライナ侵攻以降，輸入物価上昇と円安の影響で消費者物価は上昇に転じつつあります。

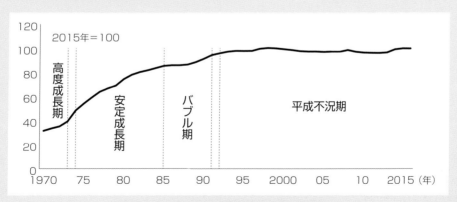

日本の経済成長と消費者物価指数の推移

資料）総務省統計局：「消費者物価指数（CPI）結果」，http://www.e-stat.go.jp/SG1/estat/List.do?bid=000001074279&cycode=0（2017.2.16）より作成

ワークシート ● 入院患者の小野さんが家計を心配している理由を考えてみよう

世帯主52歳の家計（例）

＊世帯の概要（平均値）
- 世帯人員　　　　　　3.40人
- 有業人員　　　　　　1.94人
- 世帯主の年齢　　　　52.0歳
- 持ち家率（現住居）　　83.1％
- 年間収入　　　　　8,539千円

受　　取	
Ⅰ　実　　収　　入	
経　常　収　入	
★勤め先収入	535,712
他の経常収入	
★財　産　収　入	1,493
★社会保障給付	15,311
★仕　送　り　金	4,957
特　別　収　入	
★受　贈　金	2,661
★他の特別収入	5,653
Ⅱ　実収入以外の受取（繰入金を除く）	
★預貯金引出	393,117
★保　険　金	3,434
★有価証券売却	374
★土地家屋借入金	826
★他の借入金	2,263
★分割払・一括払購入借入金	64,530
★財　産　売　却	－
★実収入以外の受取のその他	608
Ⅲ　★繰　入　金	83,558
支　　払	
Ⅰ　実　　支　　出	
1　消　費　支　出	
★食　　料	78,504
住　　居	
★家賃地代	10,185
★設備修繕・維持	7,173
光熱・水道	
★電　気　代	10,969
★ガ　ス　代	4,720
★他の光熱	1,047
★上下水道料	6,105
★家具・家事用品	10,251
被服および履物	
★洋　　服	6,262
★履　　物　類	1,972
★その他の被服履物	6,476
保健医療	
★医　薬　品	2,181
★その他の保健医療	3,255
★保健医療サービス	6,445
交通・通信	
★交　　通	10,573
★自動車等関係費	31,826
★通　　信	20,463
教　育	
★授　業　料　等	32,013
★その他の教育	5,747
教養娯楽	
★その他の教養娯楽用品等	12,309
★教養娯楽サービス	17,545
その他の消費支出	
★諸　雑　費	23,854
★こづかい（使途不明）	19,864
★交　際　費	16,734
★仕　送　り　金	24,245
2　非消費支出	
直　接　税	
★勤労所得税	15,053
★個人住民税	25,869
★他　の　税	2,703
社会保険料	
★公的年金保険料	37,696
★健康保険料	21,900
★介護保険料	2,774
★他の社会保険料	1,847
★他の非消費支出	91
Ⅱ　実支出以外の支払（繰越金を除く）	
★預　貯　金	401,026
★保　険　料	33,022
★土地家屋借金返済	35,921
★分　割　払	67,422
★その他実支出以外の支払	10,850
Ⅲ　★繰　越　金	87,605

出典）総務省：「平成26年全国消費実態調査」

肺がんと診断され、1週間前から入院している小野良一さんは、入院当初から「家計が心配だ」と周囲の人にもらしています。

作業

世帯主が50歳代（学生の親の世代）の平均的な家計を理解することで、がんで入院している小野さんが、なぜ家計を心配しているのかを考えてみましょう。

① 左表の★印の金額を、すべて転記して分類してみましょう。また、分類作業を通して、家計の構造について理解を深めましょう。

Ⅰ　実収入		Ⅱ　実収入以外の受取		Ⅲ　繰入金	
計		計		計	

受取総額　　　　　　　円　　　可処分所得　　　　　　　円

② 同一の家計調査（総務省「平成26年全国消費実態調査」、下記参照）を用いて、世帯主が50歳代の家計と他の世代の家計を比較し、世帯主50歳代の家計の特徴をあげてみましょう。
（「世帯主の年齢階級、年間収入階級別1世帯当たり1か月間の収入と支出、二人以上の世帯のうち勤労者世帯」、http://www.e-stat.go.jp/SG1/estat/List.do?bid=000001065099&cycode=0）

5．家　　計

入院患者の小野良一さん（男性・52歳・サラリーマン，現在休職中）は，肺がんと診断され，抗がん剤治療のため1週間入院し，3週間自宅療養した。2度目の入院となる今回も，1週間，抗がん剤治療を行う予定である。小野さんの場合，高額療養費制度を利用しても1回の入院に約10万円の医療費がかかるという。さらに，個人的な医療保険に加入していなかったこともあり，「家計が心配だ」と周囲の人に不安をもらしている。

実習生の小林由紀さんは，家計についてよく知らないため，家計が心配な理由をきちんと理解できないまま，小野さんと接している。

Ⅰ　実支出		Ⅱ　実支出以外の支払	Ⅲ　繰越金
1　消費支出	2　非消費支出		
計	計	計	計

支払総額　　　　　円

③　がんで入院している小野さんが家計を心配している理由について，あなたの考えを記述してください。

6. 消費者問題

（1） 経済社会の変化と消費者問題

　私たち消費者は，生産者との取引過程でさまざまなトラブルに巻き込まれる可能性がある。時代の変化とともに消費者問題も変化してきている。2013年に美白化粧品による白斑問題が発生し，自主回収が行われ，被害者への補償が問題となった事件では，化粧品の安全性が問われた。スキーバスの転落事故により大学生など15名が死亡し，26名が負傷した事件ではバスの安全性が，廃棄食品の不正流通問題では食品の安全性が問われた。こうした消費者問題の被害を受けないよう，消費生活に関する知識を積極的にもつようにしたい。

（2） キャッシュレス化による問題

　近年では電子マネーやクレジットカードによる決済が一般化し，現金の受け渡しのない取引であるキャッシュレス化が進展している。クレジットカードでは，その無計画な使いすぎによって複数の金融機関から借金を重ね，利息がかさみ，返済が困難な状態となる多重債務に陥り，自己破産せざるを得ないケースも増えている。クレジットカードの使用に関しては，その購入と決済のタイムラグに注意が必要である。

（3） さまざまな手口を使う問題商法

　代表的な消費者問題として，さまざまな手口を使う問題商法（悪質商法ともいう）がある。情報や予備知識の少ない消費者は，事業者による広告や勧誘を受けて本来必要のない契約を結び，借金を抱えてしまうケースもある。まずは，表1-7に示す問題商法の手口などをよく理解しておくことが必要である。2015年10月から通知が開始された「マイナンバー」制度に関しても，何らかの名目で現金を要求する手口も現れ，国民生活センターなどへの相談が急増している。問題商法では特に高齢者は，「お金」「健康」「孤独」に関する大きな不安をもっているため，そこにつけ込まれて被害にあいやすい。家族や地域の人々も含めて見守り，気づき，相談にのっていくことで被害を減らしたい。

（4） 消費者のための法律や制度

　1968年には「消費者保護基本法」が制定され，2004年には改正され「消費者基本法」が成立した。問題商法で被害にあった場合には「クーリング・オフ制度」（表1-8）がある。これは購入契約後，消費者が冷静に考える期間をおき，この期間内であれば契約を解除できるというものだ（主に8日間）。店頭での販売や通信販売は対象外となるので気をつけたい。

（5） 消費者のための相談機関

　消費者からの苦情を受け付けたり，相談にのる最も身近な機関には，地方自治体が設置する「消費生活センター」がある。「国民生活センター」は，消費者相談，苦情処理のほ

表1-7 主な問題商法

名　称	手口や特徴等
アポイントメントセールス	販売目的を明らかにしないで、または著しく有利な条件で取引できると言って、電話やダイレクトメールで喫茶店や事務所へ呼び出し、契約しないと帰れない状況にするなどして商品やサービスを契約させる。
キャッチセールス	駅や繁華街の路上でアンケート調査などと称して呼び止めて、喫茶店・営業所に連れて行き、長時間、強引にあるいは不安をあおるなどして商品やサービスを契約させる商法。
点検商法	「点検に来た」「無料で点検する」と言って家に上がり込み、「工事が必要」などと事実と異なることを言って不安をあおり、商品やサービスを契約させる。公的機関をかたるケースもある。
利殖商法	電話をかけてきたり、資料を送りつけてきたりして「値上がり確実」「必ず儲かる」などと利殖になることを強調し、投資や出資を勧誘する商法。
次々販売	消費者が一度契約すると、その後次々と商品やサービスを販売して過剰な量の契約をさせる。複数の業者が入れ替わりで次々と販売するケースもある。
SF商法（催眠商法）	締め切った会場に高齢者などを集め、日用品などをただ同然で配って雰囲気を盛り上げた後、最終的に高額な商品を契約させる。SFとは「新商品普及会」の頭文字に由来する。
マルチ商法	販売組織の加入者が新規加入者を誘い、その加入者がさらに別の加入者を勧誘することで組織を拡大して行う商品・サービスの取引。新規加入者の支払う加入料や商品購入代金等によって自分の利益が得られると勧誘する。
開運商法	「運勢が開ける」「幸福になる」といったセールストークや、「購入しないと不幸になる」などの不安をあおる言葉で勧誘し、商品や占い、祈とうなどを契約させる。
ネガティブ・オプション（送りつけ商法）	注文していないのに勝手に送りつけてきて、受け取ったことで、支払い義務があると勘違いさせて代金を支払わせようとする商法。

出典）国民生活センター：『くらしの豆知識2015』, p.16-17を参考に作成

表1-8 クーリング・オフ制度

●クーリング・オフの適用条件等
・訪問販売や電話勧誘販売における取引に適用。 ・すべての商品・サービスを対象とするのが原則。 ・通信販売・店頭販売は対象外。政令で指定された消耗品などを使用した場合も対象外。 ・消費者が申し込みや契約をして、その内容を記載した書面を受け取った日から一定期間内であること。 　マルチ商法：20日間／内職・モニター商法：20日間／訪問販売：8日間／割賦販売：8日間／ 　電話勧誘販売：8日間／エステ・語学教室など：8日間 ・現金取引は3,000円以上であること。
●クーリング・オフの具体的方法
・必ず文書で行う。はがきによる通知でもよい。 ・当該契約を解除したい旨を書き、両面ともコピーをとって保管する。 ・郵便局から配達証明郵便（一般書留）で販売会社に出す。クレジットで購入した場合はクレジット会社にも出す。 ・郵便局で配達証明郵便物受取証をもらう。この受取証とはがきのコピーがクーリング・オフをしたという証明になる。

出典）『資料 アクティブ家庭科 三訂版 2015』, 実教出版, p.187（2014）をもとに作成

かに危害情報の収集と提供、商品テストなども行っている。2009年9月には消費者庁が発足し、それまで各省庁で行われていた消費者行政が一元化されることになった。また、2015年度から消費者ホットラインが3桁化され、全国どこからでも身近な消費生活相談窓口につながる共通番号「188（いやや！）」となった。

　商品やサービスの品質に関するトラブルにあったときや契約について迷ったときは、身近な相談窓口である消費生活センターに相談しよう。被害を未然に防ぐためには、消費生活に関する情報を日頃から収集しておくことも大切である。

ワークシート ● 若者が被害にあいやすい問題商法について考えてみよう

作業

以下の事例を読み，設問に答えましょう。

〈事例〉[9]

ルミコは22歳。ワンルームマンションで一人暮らし。月収は手取り18万円。海外旅行に行きたいので，ひと月に1万5,000円の貯金にはげんでいます。ある日，いとこのチズコから突然電話がかかってきました。

チズコ：ルミちゃん，久しぶり。ものすごーくいい話があるの。いまからそっちに行くね。
（まもなく，ルミコのワンルームマンションに1人の女性と一緒にチズコがやって来ました。）
チズコ：こちら先輩の丸子さん。いま，一緒に仕事をしているバリバリのキャリアウーマンなのよ。この人がね，いい話を教えてくれたの。
丸　子：ルミコさんにも是非教えたいお話なんですよ。実はブランド品のバッグや貴金属，洋服が安く買えたり，格安で海外旅行にも行けるお話なんです。（ルミコの目が輝く。）
　　　　いろんな商品を安く買って友だちを紹介すれば，誰でもひと月に10万円から100万円以上の収入が得られます。つき合いのよい人なら，月収500万円という人もいます。
チズコ：ホント，私のこのバッグだって，すっごく安く買ったんだから。
丸　子：5人紹介できれば大丈夫。安く買えるうえに，紹介料もどんどん入ってくるんだから。あなたが紹介した人がさらに人を紹介して会員が増えれば，あなたのポイントが上がり，紹介料が増えるのよ。私たちのアドバイスもあるから，一緒に楽しくやりましょうよ。
ルミコ：でも，私，東京に来てまだ3か月だから，友だちも少ないし，お金もあまりないから……。
チズコ：あら，お金がないのならなおのこと。一緒にやりましょうよ。必ず，儲かるわよ。
丸　子：ホント。それにとっても楽しいし。
ルミコ：でも，そう言われてもすぐには決められないわ。少し考えさせてよ。
チズコ：いえ，すぐに決めないとダメなのよ。よく考えてからスタートする人がいるけれど，1分でも早く入会した人のほうが成功しているんだから。いまの世の中，まず，スタートして走りながら考えるのよ。それが成功のカギ！
ルミコ：うーん。それじゃあ……。
丸　子：ハイ，これに名前と住所を書いて。それから他人に勧めるには，自分で使ってみることが大切だから，まず，この磁気まくらと羽毛布団のセットを使ってみてね。
ルミコ：それっていくらするんですか？
チズコ：大丈夫。心配しなくてもいいのよ。60万円ぐらい，友だちを誘えばすぐに払えるから。自分で全部払おうと思わなくてもいいのよ。
ルミコ：はあ？？？

① これは何という問題商法でしょうか。

② ルミコはなぜ入会してしまったのでしょうか。3つあげてみましょう。

③ この後，ルミコとチズコの関係はどうなったでしょうか。

④ クレジットで磁気まくらと羽毛布団を購入したルミコの解決方法を考えてみましょう。

ワークシート ● 高齢者が被害にあいやすい問題商法について考えてみよう

作業1

以下の事例を読み，設問に答えましょう。

> 〈事例1〉[10]
> 「健康に関する楽しいお話を聞いてみませんか？　いまなら，この商品引換券をお持ちいただければ，さまざまな商品をプレゼントします」と自宅を訪問してきた男性に言われ，会場となっている近所の空き店舗に足を運びました。会場にはすでにたくさんの人が集まっていました。その後，健康に関する話が始まり，「来ていただいた方にティッシュをプレゼント，欲しい人は元気に挙手！」などと主催者が叫ぶと，周囲の人間が次々と手を挙げるので，私もつられて手を挙げました。このようにティッシュや洗剤等が配られていくうちに会場は異様な興奮状態となり，私も気持ちが高揚してしまい，結局，業者が勧めてきた数十万円もする磁気布団を，分割払いで購入することになってしまいました。契約をやめることはできないでしょうか。

① これは何という問題商法でしょうか

② なぜ磁気布団を購入することになってしまったのでしょうか。業者の手口を3つあげてみましょう。

③ このケースの解決方法を考えてみましょう。

作業2

以下の事例を読み，設問に答えましょう。

> 〈事例2〉[11]
> 父母は田舎で暮らしていますが，久しぶりに帰郷したところ，自宅の屋根が新しくなっていました。事情を聞くと，建物の点検にきた業者に「このままでは雨漏りがするから張り替えたほうがいい」と言われ，根負けして契約してしまったようです。契約金額は300万円で10年返済のクレジット契約をしていました。そればかりか，「床下にシロアリがいる」と言われて除湿剤が敷き詰められており，さらに「乾燥させる必要があるから」と言われて換気扇が10台取り付けられていました。総額200万円のクレジット契約が結んでありました。高齢の父母に高額の商品を勧める業者もひどいと思いますが，クレジットを簡単に契約するクレジット会社もひどいと思います。工事は終わってしまっていますが，支払いを軽減することは可能でしょうか。

① 1人の消費者に業者が商品等を次々に販売するトラブルを「次々販売」といいます。このような被害にあわないために，家族はどのようなことができるか考えてみましょう。

② 書面を交付されてから8日以内であれば，業者との契約をクーリング・オフすることができます。クーリング・オフする際の注意点を調べてみましょう。

7. 生活時間と家事労働

（1） 生活時間とは

　生活時間とは，1日24時間をどういった行動で使ったかという視点で分類したものであり，時間的な側面から生活をとらえることを目的としている。①必需行動（一次的活動ともいわれ，睡眠や食事など），②拘束活動（二次的活動ともいわれ，仕事，家事，学業など），③自由行動（三次的活動ともいわれ，休養や趣味など）に分けられる。さらなる詳細な項目については，調査機関によって異なる。全国規模で，かつ長年続けられている調査として，1976年に始まった総務省「社会生活基本調査」と，1960年に始まったNHK「国民生活時間調査」の2種類がある。いずれも5年ごとの実施である。時代とともに，人の生活がどう変化してきたかを見出すことが可能である。これらの調査のうち，最新のものは2015年のNHKによるものである。この2015年の特徴は，2010年と比較して表1-9のように整理されている。

　また，総務省の「社会生活基本調査」において，2006年と2011年でそれぞれの行動の種類別に男女で比較したものが表1-10である。この5年間の変化として，「仕事」の時間が減っていることが目立つ。これは，仕事時間が長い正規雇用の職員や従業員が，全体に占める割合として減っていることが要因である。働き方の多様性については，さまざまな背景がある。今日，学生らしい生活を送ることが困難となってしまうほど，学生がアルバイトに拘束されてしまう「ブラックバイト」が問題となっている。

表1-9　2015年NHK国民生活時間調査結果のポイント

1	『早起き』が一層進み，『早寝』の増加の結果，睡眠時間の減少が止まった
2	テレビの視聴時間が高年層まで減少した
3	ビデオとインターネットの利用時間が広がる
4	長時間労働が続いており，働く時間が『早朝化』している
5	家事の男女差は急速には縮まる傾向にはない
6	自由行動（レジャー，マスメディア接触など）の増加は止まり，必需行動（睡眠や食事など）は増加している

出典）NHK放送文化研究所：「2015年国民生活時間調査報告書」（2016）

（2） 家事労働とは

　私たちの生活は，さまざまな労働という行為によって維持されているともいえる。つまり，生活をするために必要な労働がある。労働には，金銭を得るもの（有償労働）と金銭を得ないもの（無償労働）がある。無償労働としては，家事労働だけでなく，ボランティア活動なども含まれる。

　家事労働は，家庭生活を営み，維持するために行われ，内容としてはさまざまな活動がある。育児，介護は，家事労働として表現されることが多い（表1-11）。これらは，時代背景や地域的違いなどの影響を受けること，そこで入手できるモノ・情報・ネットワークなどに伴ってずいぶん異なる。さらには，家事労働は個人や家庭の習慣，好み，経済的な条件などを反映して異なる様相となる。

表1-10 男女，行動の種類別生活時間（2006年，2011年）—週全体の時間　　　　　　　　　　　　　　　　（時間．分）

	総数			男			女		
	2006年	2011年	増減	2006年	2011年	増減	2006年	2011年	増減
1次活動	10.37	10.40	0.03	10.31	10.33	0.02	10.42	10.46	0.04
睡眠	7.42	7.42	0.00	7.49	7.49	0.00	7.35	7.36	0.01
身の回りの用事	1.15	1.19	0.04	1.06	1.09	0.03	1.25	1.29	0.04
食事	1.39	1.39	0.00	1.36	1.36	0.00	1.42	1.42	0.00
2次活動	7.00	6.53	-0.07	6.58	6.49	-0.09	7.03	6.57	-0.06
通勤・通学	0.31	0.31	0.00	0.41	0.40	-0.01	0.22	0.23	0.01
仕事	3.44	3.33	-0.11	4.59	4.46	-0.13	2.32	2.23	-0.09
学業	0.37	0.39	0.02	0.40	0.42	0.02	0.35	0.37	0.02
家事	1.27	1.27	0.00	0.17	0.18	0.01	2.34	2.32	-0.02
介護・看護	0.03	0.03	0.00	0.02	0.02	0.00	0.05	0.05	0.00
育児	0.14	0.14	0.00	0.04	0.05	0.01	0.22	0.23	0.01
買い物	0.24	0.26	0.02	0.15	0.17	0.02	0.34	0.35	0.01
3次活動	6.23	6.27	0.04	6.31	6.38	0.07	6.15	6.16	0.01
移動（通勤・通学を除く）	0.30	0.30	0.00	0.29	0.29	0.00	0.32	0.30	-0.02
テレビ・ラジオ・新聞・雑誌	2.24	2.27	0.03	2.28	2.31	0.03	2.21	2.24	0.03
休養・くつろぎ	1.25	1.31	0.06	1.23	1.31	0.08	1.26	1.31	0.05
学習・自己啓発・訓練（学業以外）[1]	0.12	0.12	0.00	0.13	0.13	0.00	0.12	0.12	0.00
趣味・娯楽	0.45	0.44	-0.01	0.51	0.53	0.02	0.38	0.37	-0.01
スポーツ	0.15	0.14	-0.01	0.19	0.18	-0.01	0.11	0.11	0.00
ボランティア活動・社会参加活動	0.05	0.04	-0.01	0.05	0.04	-0.01	0.05	0.04	-0.01
交際・付き合い	0.22	0.19	-0.03	0.20	0.18	-0.02	0.24	0.20	-0.04
受診・療養	0.09	0.08	-0.01	0.07	0.07	0.00	0.10	0.10	0.00
その他	0.16	0.17	0.01	0.14	0.15	0.01	0.17	0.18	0.01
（再掲）									
家事関連[2]	2.08	2.10	0.02	0.38	0.42	0.04	3.35	3.35	0.00
休養等自由時間活動[3]	3.49	3.58	0.09	3.51	4.02	0.11	3.47	3.55	0.08
積極的自由時間活動[4]	1.17	1.14	-0.03	1.28	1.28	0.00	1.06	1.04	-0.02

1）2006年の調査項目名は「学習・研究（学業以外）」
2）家事，介護・看護，育児および買い物
3）テレビ・ラジオ・新聞・雑誌および休養・くつろぎ
4）学習・自己啓発・訓練（学業以外），趣味・娯楽，スポーツおよびボランティア活動・社会参加活動
出典）総務省：「平成23年社会生活基本調査　生活時間に関する結果　結果の概要」

表1-11 家事の時間量（成人男女・主婦・有職女性・男女年層別）—平均時間　　　　　　　　　　　　　　（時間．分）

		平日					土曜					日曜				
		1995	2000	2005	2010	2015年	1995	2000	2005	2010	2015年	1995	2000	2005	2010	2015年
成人男性		0.32	0.36	0.46	0.50	0.54	0.58	1.01	1.12	1.23	1.26	1.19	1.21	1.35	1.33	1.41
成人女性		4.32	4.19	4.27	4.25	4.18	4.51	4.44	4.40	4.36	4.39	4.34	4.36	4.52	4.33	4.51
主婦		7.24	7.12	7.02	7.02	6.35	7.00	6.36	6.30	6.30	6.16	6.06	5.52	5.52	5.54	6.17
有職女性		3.18	3.08	3.18	3.26	3.23	4.02	4.05	3.52	4.00	4.14	4.10	4.24	4.46	4.19	4.28
男	20歳代	0.22	0.26	0.22	0.29	0.28	0.42	0.36	*1.00*	0.38	*1.02*	0.58	1.03	1.13	*0.55*	*0.59*
	30歳代	0.32	0.24	0.36	0.45	0.44	1.19	1.07	1.16	1.54	1.50	1.55	1.28	2.23	2.15	2.12
	40歳代	0.22	0.30	0.25	0.28	0.39	0.55	1.05	1.26	1.22	1.48	1.24	1.48	1.54	1.51	2.02
	50歳代	0.24	0.17	0.35	0.23	0.34	0.54	1.01	1.08	1.15	1.22	1.12	1.16	1.31	1.33	1.47
	60歳代	0.49	0.56	1.13	1.12	1.09	0.58	1.15	1.08	1.14	1.19	1.18	1.19	1.17	1.47
	70歳以上	1.07	1.09	1.17	1.31	1.26	1.02	1.00	1.13	1.33	1.13	0.54	1.00	1.21	1.16	1.13
女	20歳代	2.50	2.25	2.37	2.22	1.59	3.11	2.30	2.38	2.09	*2.19*	2.54	2.38	3.19	2.27	*3.00*
	30歳代	6.31	5.37	5.15	5.23	5.29	6.37	6.07	6.03	5.30	5.49	6.31	6.18	6.02	5.33	6.40
	40歳代	4.52	5.06	5.03	4.51	4.31	5.23	5.32	5.18	5.46	5.37	5.16	5.28	5.19	5.38	5.43
	50歳代	4.32	4.21	4.31	4.32	4.19	4.56	5.08	4.52	5.06	4.36	4.29	4.55	5.31	4.58	4.47
	60歳代	4.30	4.52	4.52	4.49	4.57	4.43	5.13	5.00	4.42	5.10	4.27	4.42	4.45	4.40	5.01
	70歳以上	3.20	3.37	3.42	3.46	3.42	3.27	3.33	3.55	3.42	3.40	3.02	3.09	3.37	3.29	3.48

注）斜体は，サンプルが100人未満で少なく，誤差が大きいので参考値
出典）NHK放送文化研究所：「2015年国民生活時間調査報告書」

ワークシート ● 図の中に各項目を書き込み, あなたの1日の生活をとらえてみよう

作業

円の外側より, 行動→その行動でかかった, あるいは稼いだ費用→どこで→そのときに着用していた衣類→食べたものがあれば食べたもの, について記入しましょう。

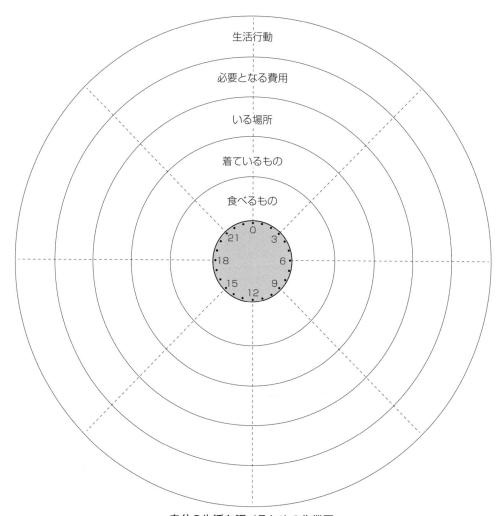

自分の生活を調べるための作業図

出典)『家庭（科）総合ワークノート』, 教育図書 (1999)

7. 生活時間と家事労働　49

ワークシート ● 育児や介護における時間的な負担について考えてみよう

作業

下の2つの図から、どんなことがわかるか、話し合ってみましょう。

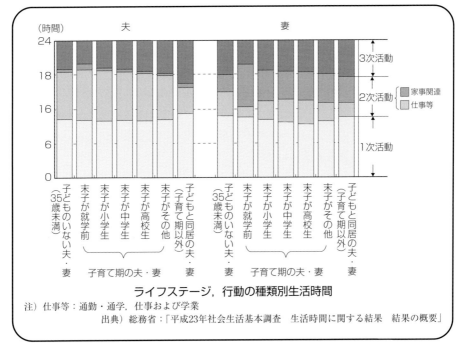

ライフステージ、行動の種類別生活時間

注）仕事等：通勤・通学、仕事および学業
出典）総務省：「平成23年社会生活基本調査　生活時間に関する結果　結果の概要」

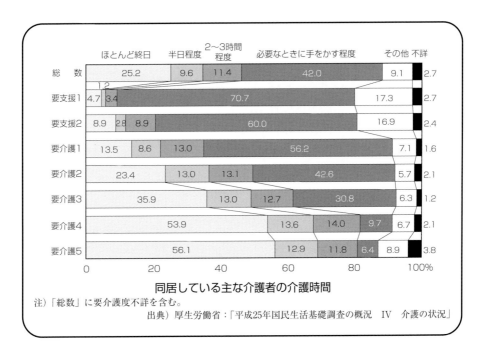

同居している主な介護者の介護時間

注）「総数」に要介護度不詳を含む。
出典）厚生労働省：「平成25年国民生活基礎調査の概況　Ⅳ　介護の状況」

8．社会的ネットワーク

（1） 社会的ネットワークとは

　1人の人間を中心として，そのまわりには「家族」「親族」「友だち」「地域の人々」といった「社会的ネットワーク」の存在がある。また，生活支援が必要になった場合には，このネットワークの外側にサポートのための「公的・社会的な生活支援のためのサービス」も加わる。社会的ネットワークの視点をもつことで，個人の周囲に広がる人間関係をとらえ，その人の生活状況を把握することができるし，その支援の範囲も広くとらえることができる。例えば，子育てや家族の介護ではさまざまなサポートが必要になるが，まずは，自分自身の社会的ネットワークを振り返り，必要な生活支援のための社会サービスも含めて考えられるようにしたい。

（2） 子育てに関する社会的ネットワーク

　現在，子育てに直面していない人たちでも子育てをめぐる諸問題はテレビや新聞，ウェブサイトのニュースなどで目にし，耳にしているだろう。まず，都市部を中心とした保育所への待機児童問題があり，その数は2万3,167人（2015年4月1日現在）と深刻である。そして，児童虐待の問題も連日のように報道されている。こうした子育てに関する問題のために，どのような社会サービスがあるのだろうか。

　2015年4月から子ども・子育て支援新制度が開始されている。子育てに関する社会サービスには公的なサービスだけでなく，NPOによるものやボランティアによるものもある。子育て援助活動支援事業（ファミリー・サポート・センター事業）は2014年度は769市区町村で行われている。これは，子育てに関して援助を受けたい会員と援助を行いたい会員とをつなぐ相互援助組織である（図1-5）。

　また「地域子育て支援拠点」は，子育て中の親子の交流や育児相談，情報提供等を行っており，6,818か所（2015年度）にまで増加してきている。こうした生活支援のための社会サービスも社会的ネットワークの一つとして，状況に応じて利用していく視点をもちたい。

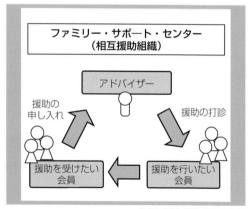

出典）厚生労働省HPより

図1-5　ファミリー・サポート・センターのしくみ

（3） 介護に関する社会的ネットワーク

　介護に関連する諸問題としては，特別養護老人ホームへの入所待ちや高齢者虐待，孤独死等がある。近年では，介護離職を防いだり，家族だけで介護を抱え込まないようにするため，家族介護者支援に対する理解が浸透してきた。

　家族介護者の現状は厚生労働省による国民生活基礎調査（2013年）によって明らかにされている。要介護者等と「同居」が61.6％であり，この「同居」の主な介護者の要介護者等との続柄については，「配偶者」が26.2％，「子」が21.8％，「子の配偶者」が11.2％，「父母」が0.5％，「その他の親族」が1.8％となっている。「配偶者」や「子」，「子の配偶者」を中心に介護が担われていることがわかる。また，「同居」の主な介護者の性別は「女性」が68.7％，「男性」が31.3％である。要介護者を介護する人の意識と実態に関する調査（日本労働組合総連合会，2014年）では，介護者の「ストレスの有無」について聞いている。「非常に感じている」が25.7％，「ある程度感じている」が54.3％であり，合計すると8割もの介護者がストレスを感じていることがわかる。

　こうした現状に近年では，家族介護者を支援するという視点が出てきた。日本ではこれに関する法制度はないが，イギリスやオーストラリアでは，すでに，介護者を支援する法律も存在している。介護を家族だけで抱え込まないこと，介護者自身も自分の人生を大切にすることが当たり前の社会を目指したい。介護に関する公的な相談機関としては，市区町村に設置されている「地域包括支援センター」を覚えておきたい。2014年6月に成立した医療介護総合確保推進法では，地域包括ケアシステムが目指されている。

　介護に関する社会サービスは，介護保険制度によるものや，それ以外のNPO等によるサービスもある。「介護サービス情報の公表制度」が2006年4月からスタートし，介護サービスや事業所や施設を比較検討できるようになった。「介護事業所・生活関連情報検索　介護サービス情報公表システム」と題されたウェブサイトも積極的に利用し，情報を得たうえでサービスを選択できるようにしたい。

　また近年，ケアラーズカフェも各地で誕生している。これは，気軽に立ち寄ることができ，家族介護者や地域の人々がこのカフェで話をすることで情報を得たり，気分転換もできる介護者支援のための多機能拠点といえるものだ。2012年に厚生労働省は「認知症になっても本人の意思が尊重され，できる限り住み慣れた地域の良い環境で暮らし続けることができる社会の実現を目指す」という方針のもと，「認知症施策推進5か年計画」（オレンジプラン）を策定した。この中の「地域での日常生活・家族の支援の強化」の一つとして「認知症カフェ」（認知症の人と家族，地域住民，専門職等の誰もが参加でき，集う場）の普及が進められている。これは2015年からの新オレンジプランでも「認知症の人の介護者への支援」として引き継がれている。実際に41都道府県280市町村で655カフェ（2014年度実績調査）が運営されている。

Ⅰ. 生活経営

ワークシート ● あなたが住んでいる地域の生活関連サービスを調べてみよう

作業 1

自分が住んでいる地域の子育てや介護に関して，以下のことを調べてみましょう。

① あなたが住んでいる自治体：＿＿＿＿＿＿＿＿＿＿ 区・市

② あなたが住んでいる自治体のウェブサイトを開き，子育てについてどのようなことが書いてあるか，以下に書いてください。

----

③ あなたの自宅から最も近い保育所はどこにあって，自宅からどれくらいの時間で行くことができますか？　また，その保育所についてわかったことも書いてください。

保育所の名前：＿＿＿＿＿＿＿＿＿＿＿＿＿＿＿＿＿＿＿＿＿＿＿＿＿＿＿＿＿＿

行き方とかかる時間：＿＿＿＿＿＿＿＿＿＿＿＿＿＿＿＿＿＿＿＿＿＿＿＿＿＿

わかったこと

----

④ 次に，あなたの住んでいる自治体のウェブサイトでは介護についてどのようなことが書いてあったか，以下に書いてください。

----

⑤ あなたの自宅から最も近い地域包括支援センターはどこにあって，自宅からどれくらいの時間で行くことができますか。また，その地域包括支援センターについてわかったことも書いてください。

センターの名前：＿＿＿＿＿＿＿＿＿＿＿＿＿＿＿＿＿＿＿＿＿＿＿＿＿＿＿＿

行き方とかかる時間：＿＿＿＿＿＿＿＿＿＿＿＿＿＿＿＿＿＿＿＿＿＿＿＿＿＿

わかったこと

作業 2

すべて記入できたら，グループ（4～5人）内で発表しましょう。また，自分の住んでいる自治体とほかの自治体との違いについても考えてみましょう。

----

8. 社会的ネットワーク

ワークシート ● 金山さんの社会的ネットワークを考えてみよう

金山トメさん（82歳）を支えている「現在のネットワーク」を確認し，「将来のネットワーク」の変化について考えてみましょう。

〈事例〉
　金山トメさんは要介護1で，娘さんと同居しながら，自宅で生活を送っています。デイサービスと配食サービスは利用しているものの，それ以外の必要な生活支援は娘さんが1人で行っています。最近，認知症のような症状もみられるようになり，病院で診察してもらったところ，アルツハイマー型認知症と診断されました。近くに親族もおらず，金山さんを1人で介護している娘さんは将来への不安を強く感じています。金山さん自身も病気になる前は近所の友だちとの付き合いがあったので，最近は特にデイサービスのない日の昼間は寂しさを感じています。

作業1
　金山さんを支える"現在のネットワーク"と"将来のネットワーク"について確認し，金山さんが将来，ネットワークから得ているものがどう変化するかについて考えてみましょう。

ネットワーク	〈現在〉	〈将来〉
家族 親族		
友人 知人 隣人 地域のつながり		
ボランティア		
公的・制度的な福祉サービスや援助機関		

作業2
　金山さんの娘さんは強い不安を感じています。家族介護者である娘さんは今後どのように行動すればよいか考えてみましょう。

作業3
　記入後，グループ（4〜5人）で発表して，自分が気づくことができなかった点を確認してみましょう。また，他のメンバーの発表から学んだことを以下に記入しておきましょう。

---

9. 生活福祉情報

(1) 情報のデジタル化

　今や，情報通信技術（ICT：information and communications technology）は私たちの生活に深く関連している。厚生労働省は，健康・医療・介護分野におけるICT化が目指すイメージとして図1-6を発表している。

　一方，ICTは消費者に対しては，「消費者余剰（得をした感じ）」「時間の節約」「情報資産の蓄積」等をもたらす[12]といわれる。代表的なものをまとめたものが表1-12である。ここで，ICTは情報をデジタル化していくことで，情報発信や情報共有を容易にしていることがわかる。

　このデジタル化が進むことによって，①コンテンツ（何らかの媒体に記録されたり，保存されたり，伝送される情報や内容）を所有することの意義の低下，②コンテンツに関する十分な，あるいは必要な情報を獲得したり，選択することが困難となる，③デジタル化されていない情報やコンテンツの重要性は，相対的に高まる，という3点があげられている[13]。

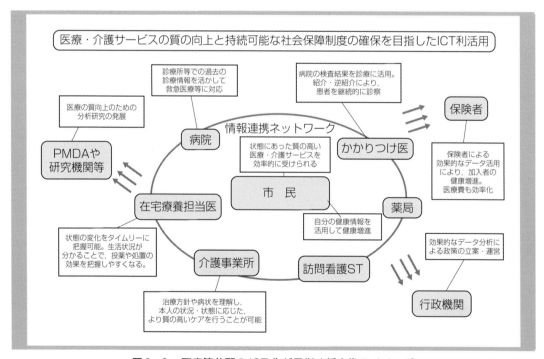

図1-6　医療等分野のICT化が目指す将来像のイメージ
出典）厚生労働省：「健康・医療・介護分野におけるICT化の推進について」（2014年3月）

表1-12　消費者側におけるICTの貢献，効果およびサービス

指標	ICTによる効果	ICTサービス（例）
消費者余剰	ICTによる料金の低下・無料化	○既存の財・サービスの料金の低下・無料化 ・SMSやメールを無料で利用できる。 ・定額料金または無料の音楽配信サービス，動画配信サービス，電子書籍を利用できる。 ・スマートフォン向けのゲームアプリを無料で利用できる。 ・シェアリングエコノミーにより，消費者は安くて良いものを利用（シェア）することができる。 ・「Google」や「Yahoo!」を使って，無料でネット上の情報を検索できる。 ・「ぐるなび」などにアクセスすることで，無料で飲食店の情報を入手することができる。 ○無料で利用できる新たなサービスの出現 ・LINE，ミニブログ（Twitter等），SNS（Facebook等），Ustream，Instagramを無料で利用できる。
	ICTによる財・サービスへのアクセスの向上	○選択肢の拡大（ロングテール化） ・「Amazon」を使って，世界各国のさまざまな書籍を購入することができる。 ○アクセスの高度化 ・健康管理サイトやアプリを活用して，健康管理を行うことができる。 ・ネットスーパー（EC）を活用して，日用品や生鮮食品を購入することができる。 ・GPS機能を利用して，居場所や目的地までのルートを把握することができる。
	共有経済がもたらす便益の向上	○マッチング ・飲食店に関するレビューを共有することで，より多くの人が，好みに合った食事を提供する飲食店を選ぶことができる。 ○タイムリー性 ・SNS上の書き込みを共有することで，ほぼリアルタイムな情報に接することができる。 ○サービス・利便性の向上 ・消費者がレビューを共有することで，お店などを直接比較できるようになり，品質・サービスの悪い店が減少する。
時間の節約	ICTによる時間の節約	○生活面 ・ネットスーパー（EC）で食品を購入し，買い物時間を節約できる。 ・タクシーの配車アプリの利用により，タクシーの待ち時間を削減できる。 ・Facebook等SNSに写真をアップロードしたり，コメントを書いたりして，移動時間等の隙間時間が余暇の時間となる。 ・これまで図書館で調べものをしていたものがネットで検索することで，調べ物をする時間を節約できる。
情報資産	ICTによる情報資産（UGC）の蓄積	・Facebook，YouTube，Twitter，Instagram等に投稿される動画や写真などのコンテンツが蓄積される。 ・食べログ，クックパッド，Amazon，トリップアドバイザー，Yelp等に消費者が記載するレビューが蓄積される。 ・LinuxやR-Linuxのようにフリーのプログラム言語によるソフトウェアが蓄積される。 ・教えて! goo，Yahoo! 知恵袋などに，質問と回答の形式で知識，ノウハウが蓄積される。

（2） ネットワーク社会の課題

　ICTが人々の生活の隅々に溶け込むことによって，あらゆる人やモノが結びつくネットワーク社会をユビキタス社会という。このユビキタス社会が目指すのは，年齢や障がいの有無にかかわらず，誰でもがICTを利用でき，世代や地域を超えたコミュニケーションの実現である。この実現のためには，すべての人がICTを使いこなせるよう，ユニバーサルデザインの導入を促進しなければならない。ユニバーサルデザインの考え方については，アメリカのノースカロライナ州立大学のロナルド・メイスが1985年，7原則として提唱したものを表1-13に示す。

表1-13 ユニバーサルデザインの7原則

原則①	誰にでも公平に利用できる
原則②	使う上で柔軟性に富む
原則③	簡単で直感的に利用できる
原則④	必要な情報が簡単に利用できる
原則⑤	単純なミスが危険につながらない
原則⑥	身体的な負担が少ない
原則⑦	接近して使える寸法や空間になっている

さらに，ICTを利用し，使いこなすことができる人と，そうでない人との間に生じる格差「デジタルデバイド」にも目を向ける必要がある。機器操作が困難になりがちな高齢者，障がい者，購入が困難な低所得者，地方格差など，取り残される存在に対するデジタルデバイドの解消が求められている。

いつの時代も生活に欠かせない「テレビ」

　1953年にテレビの本放送が始まり，1950年代後半には家庭用電気機器のうち，生活の豊かさや憧れとして，白黒テレビ，洗濯機，冷蔵庫が「三種の神器」と呼ばれるようになりました。高度経済成長期（1960年半ばから）には，カラーテレビ，クーラー，自動車といった耐久消費財が「新・三種の神器」と呼ばれ，カラーテレビは，1964年の東京オリンピックの頃から普及していきます。また，2003年頃から急速に普及し始めた，デジタルカメラ，DVDレコーダー，薄型テレビといったデジタル家電を「デジタル三種の神器」と呼ぶこともあります。いずれにしても，今日の高齢者にとって，テレビはこれまでの家庭生活を象徴し，身近なものであるといえます。

　なおテレビは，2011年7月24日をもってアナログ放送は終了し，デジタル放送に移行しました。このデジタル放送によって，双方向サービス，地域に密着した放送，高齢者や障がい者に対するサービス（字幕放送，解説放送，音声速度の変更など）が提供されるようになりました。

　今日，さらに，通信・放送サービスを取り巻く環境は変化しています。2012年度より，総務省では「放送サービスの高度化に関する検討会」を発足させ，「4K・8K（スーパーハイビジョン）」，「スマートテレビ」，「ケーブルテレビ・プラットホーム」の3分野について提言を行っています。

　テレビは，これからも人々の生活に大きな役割を担っていくことは間違いないでしょう。そこにあって，今後，誰もが安全に，安心して生活を送っていくことに，テレビがどう生かされるかについて注目したいものです。

ワークシート ● ユニバーサルデザインの商品を評価してみよう

作業

ユニバーサルデザインの達成度を評価するために，簡易版「easy! PPP」[14]を用いて複数の商品を5段階で評価し，周囲の人と比べてみましょう。

チェック項目	チェックポイント	評価点	なぜそのように評価したか？また，気づいた点など
商品パッケージ	見やすく，わかりやすい表示か？		
	開けやすく，取り出しやすいパッケージか？		
	環境にやさしいパッケージか？		
取扱説明書	表現が簡単で見やすいか？		
	説明内容は正確か？		
使用性	使い方がわかりやすく簡単か？		
	さまざまなユーザグループのことを考慮されているか？		
安全性	危険性がないか？		
	誤った操作をしにくくなっているか？		
	失敗した時にやり直しができるか？		
五感情報	直感や五感が活かせるか？		
身体的負担	身体に負担をかけず楽に使えるか？		
	長く使っていても疲れにくいか？		
公平性	誰でも差別を感じず使えるか？		
	どこででも手に入れやすいか？		
色彩・形態・素材	快適に使える色彩・形態・素材か？		
耐久性	壊れにくく長く使えるか？		
環境性	人体や自然に害を与えないか？		
経済性	モノに見合った価格設定か？		
アフターケア	アフターサービスの仕組みがあるか？		

(tripod design, 2002)

【引用文献】
1) 上野千鶴子：『近代家族の成立と終焉』, 岩波書店, p. 4-6 (1994)
2) 国立社会保障・人口問題研究所：『人口統計資料集2016年版』
3) 奥田都子：「家族」（中川英子編『福祉のための家政学』）, 建帛社, p. 27 (2010)
4) 中野加奈子：「生活史研究の系譜—記述と分析をめぐる課題」, 佛教大学大学院紀要 社会福祉学研究科篇, 39：17-34 (2011)
5) 鷹居樹八子ほか：「老人保健施設入所者への生活史聴取とナラティブベースト・ナーシング」, 長崎大学医学部保健学科紀要, 15（1）：23-30 (2002)
6) 奥田都子：「高齢者のライフヒストリー」（中川英子編『福祉のための家政学』）, 建帛社, p. 36-39 (2010)
7) レイニンガー, MM（近藤潤子・伊藤和弘監訳）：『看護における質的研究』, 医学書院, p. 154 (1997)
8) 賀川昭夫：『改訂版 現代経済学』, 放送大学教育振興会, p. 234-240 (2009)
9) 消費者教育支援センター編：『君ならどうするこんなとき！—ロールプレイング・シナリオ集』, 消費者教育支援センター (2001)
10) 小澤吉徳編著：『高齢者の消費者被害Q＆A』, 学陽書房, p.172 (2008)
11) 前掲書10), p.158
12) 情報通信総合研究所：「GDPに現れないICTの社会的厚生への貢献に関する調査研究報告書」(2016年), http://www.soumu.go.jp/johotsusintokei/linkdata/h28_04_houkoku.pdf
13) 新宅純二郎・柳川範之編：『フリーコピーの経済学』, 日本経済新聞出版社 (2008)
14) 中川聰監修：『ユニバーサルデザインの教科書 第3版』, 日経BP社 (2015)

【参考文献】
・森岡清美・望月嵩：『新しい家族社会学 四訂版』, 培風館 (1997)
・山根常男・玉井美知子・石川雅信編：『テキストブック 家族関係学 家族と人間性』, ミネルヴァ書房 (2006)
・湯沢雍彦：『データで読む 平成期の家族問題』, 朝日新聞出版 (2014)
・利谷信義：『家族の法 第3版』, 有斐閣 (2010)
・白澤政和：「介護における生活史の効果」（『介護福祉学事典』）, ミネルヴァ書房 (2014)
・中川英子：「介護福祉と生活史」（『介護福祉学事典』）, ミネルヴァ書房 (2014)
・石毛直道：「文書記録の生活史」（中鉢正美『生活史』）, 放送大学教育振興会 (1986)
・桜井厚：「ライフヒストリー・インタビューの技法」（白谷秀一・朴相権編『実践 はじめての社会調査』）, 自治体研究社 (2002)
・六車由実：『驚きの介護民俗学』, 医学書院 (2012)
・重川純子：『新訂 生活経済学』, 放送大学教育振興会 (2016)
・総務省統計局：「家計調査年報 平成26・27年」(2015・2016)
・御船美智子：『家庭生活の経済—生活者の視点から経済を考える』, 放送大学教育振興会 (1996)
・土志田征一編：『戦後日本経済の歩み』, 有斐閣 (2001)

II. 食生活

1. 食生活の機能と食文化
2. 栄養素の種類と消化・吸収・代謝
3. 栄養素と食事摂取基準
4. 食品の分類と選択
5. 食の安全と食中毒
6. 健康と食生活
7. 献立作成
8. 調理

1. 食生活の機能と食文化

（1）食生活の機能と現状

1）食生活の機能

　食生活とは，食に関する営み全般のことをいう。食品の取得（買い物など），食物への加工，調理，食物の摂取（食事），栄養の消化・吸収，代謝などさまざまな要素や過程から成り立つ。このような食生活には，生理的機能（体の機能を維持し，発育や活動に必要な成分を摂取する，生活リズムを整えるなど），精神的機能（食事のおいしさや楽しさなどが精神的な豊かさをもたらすなど），文化的機能（伝統食や行事食，マナーが食文化として継承されるなど），社会的機能（家庭や社会での食生活が人間関係をつくり，団らんをもたらすなど）などの機能がある。それぞれの機能を理解し，実践することで，健康で豊かな食生活を創造していきたい。

2）食生活の現状と課題

　現代の食生活には，食習慣の乱れや運動不足などによる肥満や生活習慣病の増加，若い女性の過度のやせ傾向がみられ，夜型で変則的な生活が，朝食欠食や子どもの孤食といった問題にもつながっている。食生活の課題を機能別にみると，生理的機能では，野菜摂取量の不足や，塩分や脂質摂取量の多さが生活習慣病増加の要因として，長年指摘されている。年代別・性別では，若い女性のやせ志向が，拒食等の摂食障害や低体重児の出生に関係したり，中年男性の肥満や運動不足が糖尿病等の生活習慣病が増加する要因になっている。また，精神的機能や文化的機能では，家族そろって朝食や夕食を食べる機会の減少が，家族団らんの機会を減少させるとともに，食事の大切さや食文化，食事の作法等を学ぶ機会の減少になり，健全な食習慣の乱れにつながることが懸念される。

（2）食文化と食習慣

1）食文化

　食文化とは，「民族や集団，地域，時代などにおいて共有され，一定の様式として習慣化し，伝承されるほどに定着した食に関する生活様式」[1]のことである。食材や調理法，食器，マナー，外食などに至るまで，食に関する文化を総称する。現在，日本人の食文化は，日本料理をはじめ西洋料理，中国料理など，多国籍の料理を組み合わせたバラエティー豊かなものである。

　日本の伝統食である和食は，2013年にユネスコ無形文化遺産に登録された。和食の基本は，米飯を主食とし，主菜・副菜・副々菜・汁物からなる一汁三菜である。米，野菜，魚，大豆を中心的な食材とし，塩やしょうゆ，みそ，みりん，酢，だし汁等を使って味付けする伝統的な食事パターンに，肉，乳製品，鶏卵，油脂，果物を加え，多様で栄養バランスのよい健康的でかつ豊かな食事である。

　食文化の要素には郷土食や行事食・伝統食のほか，マナー，ハレやケの食品などがある。行事食では，お正月，誕生日などのお祝いは「ハレ」の日，その他の日常は「ケ」の

表2-1　食文化（行事と料理・食品）

月	行　事	料理・食品	月	行　事	料理・食品
1月	お正月	雑煮，おせち料理	7月	七夕	七夕そうめん
2月	節分	炒り豆，恵方巻き	8月	お盆	精進料理（煮しめほか）
3月	ひな祭り	ちらし寿司，白酒	9月	お月見	月見団子
4月	お花見	花見団子	10月	秋祭り（収穫祭）	祭り寿司，いもや果物
5月	子どもの日	柏餅，ちまき	12月	クリスマス	ローストチキン，ケーキ

日といい，ハレのときに，行事等に合わせて出される食事があり（表2-1），さまざまな意味が込められている。郷土食では，地産地消の視点からも伝統食が受け継がれている。

日本には四季があり，旬の魚や野菜，果物などの食材を取り入れたり，献立や盛り付けに生かすことで，季節感を大切にしている。和食のマナーには，箸の使い方，食器の扱い，食事の順番，食卓の席次（入り口から遠い席が上席等）などがある。

2）食習慣

食習慣とは，献立，買い物，調理，配膳など一連の食事に関する活動や食事時間，食卓環境など，日常的になっている食生活の行動をいう。日本人には時代を超えて大切にしてきた食文化とともに，世代や地域等によって，食生活に関するいろいろな好みや習慣がある。一人ひとりには，慣れ親しんだ食習慣があるので，尊重するとともに，習慣を改善する必要がある場合は個々に合った方法を検討し，よりよい食習慣が身につくよう心がけたい。また，高齢者には，長年大切に培ってきた食文化や食習慣があることを理解し，尊重するよう，心がけていきたい。

ワークシート ● 箸の使い方を正しく覚えよう

作業

保育園実習で実習生の小林昭一さんは，実習担当の保育士さんから，「年長クラスの園児たちに，箸の使い方を一緒に指導してほしい」と言われましたが，箸の持ち方や指導方法に自信がありません。箸の正しい使い方を確認し，練習してみましょう。
① あなたの箸の使い方をチェックしてみましょう。
② 図を確認しながら，実際に箸のあげおろしをやってみましょう。
③ 箸のマナー違反について調べてみましょう。

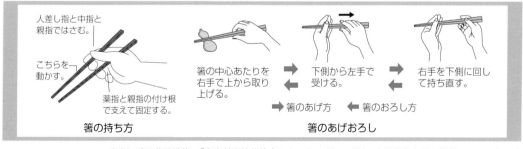

箸の持ち方　　　　　　　　　　　　箸のあげおろし

出典）香川芳子監修：『家庭料理技能検定テキスト 4級・3級』，女子栄養大学出版部，p.189（2014）

2. 栄養素の種類と消化・吸収・代謝

(1) 人体と栄養素

　私たちは，生命を維持し，成長や発育および生活活動を行うために，必要な物質を飲食物等で取り入れ，体内で利用している。このような状態を栄養という。栄養素とは成長や生命の維持，健康の増進など正常な生理機能を営むために必要な成分をいう。人体は，皮膚や臓器，骨格筋，脂肪組織，血液，骨・歯，神経などからなるが，主な成分は栄養素から組成される。

　図2-1に示すように，成人一般の場合，人体を100％とすると，血液や細胞内液等に含まれる水分が55～60％，筋肉や臓器，皮膚等を構成するたんぱく質が20％，皮下脂肪等を構成する脂質が15～20％，骨や歯などを構成するミネラルが4％で，糖質やビタミンは微量で，血液や筋肉，臓器等に含まれている。栄養バランスのよい食生活では，人体において，飲食物からとった栄養素の吸収・代謝と体成分の分解・合成がほぼ同じ速度で進行している。人体に必要な栄養素の出納バランスが調整

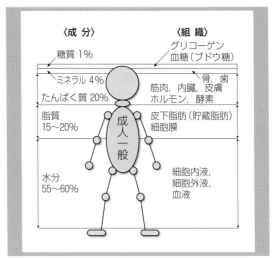

図2-1　人体の成分と組織
出典）田﨑裕美：『介護福祉のための家政学』（中川英子編著），建帛社，p.54（2004）

された状態となることが，健康を維持し，成長するうえでの基礎となる。

(2) 栄養素の種類と機能

　栄養素は成分や働きから，炭水化物（糖質と食物繊維），たんぱく質，脂質，ミネラル，ビタミンの5種類に分類され，5大栄養素というが，これに水を加えて6大栄養素という場合もある。このうち，エネルギー源となるたんぱく質，脂質，糖質（炭水化物）を3大栄養素という。5大栄養素は主な働きから，熱量素（身体で燃焼してエネルギー源となる成分），構成素（身体を構成する成分），保全素・調整素（身体の機能を調整する成分）に分けられる。

1) 炭水化物

　糖質と食物繊維に分類できる。糖質は米，小麦などの穀類やいも類などの主成分で，食品中に含まれる糖質は消化管内で消化され，単糖類であるブドウ糖，果糖，ガラクトースとなって吸収される。その大部分は肝臓または筋肉内でグリコーゲンとなって貯蔵され，1gにつき4kcalのエネルギー源として少しずつ利用される。血糖は臓器が働くため

のエネルギー源となるものであり，特に，脳・神経系は血液が供給するブドウ糖が主なエネルギー源となり，成人の場合で1日約400kcal（推定エネルギー必要量の約20％）を消費する。このため，成人では1日の総エネルギー所要量の50以上65未満（％エネルギー）を，炭水化物から摂取することが目標量となる。

食物繊維は人体では消化されない多糖類（難消化性繊維）で，不溶性食物繊維には穀類，いも類，野菜類（根菜類），豆類などに含まれるセルロース，水溶性食物繊維には果物のペクチン，こんにゃくのグルコマンナン，海藻類のアルギン酸等がある。生理的効果には，①血中コレステロール値の抑制，②血糖値上昇の抑制，③腸内の有害物質を包み込み排出する，④コレステロール蓄積を抑制，⑤腸内善玉菌の活性化，⑥咀嚼回数の増加による満腹感，⑦便秘の予防や改善，などがある。1日の摂取目標量は成人の男性で20g以上，女性で18g以上である。

2）たんぱく質

人体を構成するうえで重要な栄養素で，皮膚，爪，筋肉，各臓器をはじめ，消化酵素，ホルモンなどを合成する。エネルギー源が不足した場合には，1g当たり4kcalを産生する熱量素にもなる。たんぱく質は炭素，水素，酸素のほかに，窒素や硫黄を含む化合物で，人体のたんぱく質は主に20種類のアミノ酸が結合してつくられている。このうち，人体で合成できない9種類のアミノ酸（バリン，ロイシン，イソロイシン，リジン，メチオニン，スレオニン，フェニルアラニン，トリプトファン，ヒスチジン）を必須アミノ酸という。人体のたんぱく質は複数のアミノ酸によって合成されるものであり，図2-2のように，必須アミノ酸をバランスよく含むのが卵などの動物性たんぱく質食品であり，植物性たんぱく質食品では必須アミノ酸のバランスが整っていないために，有効なたんぱく質の量が大幅に減少する。なお，必須アミノ酸が1種類でも欠けたり，もしくは不足すると，栄養障害が起きる。このため，必須アミノ酸をバランスよく含むアミノ酸価の高い食品（乳・乳製品，卵のアミノ酸価＝100）をとったり，植物性たんぱく質食品に動物性たんぱく質食品を組み

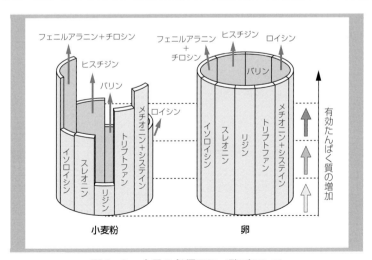

図2-2　食品の必須アミノ酸バランス
出典）味の素アミノ酸大百科　https://www.ajinomoto.co.jp/amino

合わせる（例：パンに乳製品を加える）ことでアミノ酸を補う必要がある。

3）脂　　質

中性脂肪，リン脂質，コレステロールなどの種類がある。食物に含まれる脂質の大部分は，中性脂肪（脂肪，トリグリセリド）で，脂肪酸とグリセリンから合成され，体内では皮下脂肪などの脂肪組織や血中に存在する。脂肪酸の種類によって，性状や栄養価に違いがみられる。飽和脂肪酸（常温で固体のものが多い，バター，ラードなど動物性脂肪が多い），不飽和脂肪酸（常温で液体のものが多い）は一価不飽和脂肪酸では，オレイン酸など，多価不飽和脂肪酸では，n－6系のリノール酸，γ－リノレン酸（植物性油脂），アラキドン酸（肉・魚・卵），n－3系はα－リノレン酸，魚油に含まれるEPA（イコサペンタエン酸），DHA（ドコサヘキサエン酸）などがある。このうち，多価不飽和脂肪酸であるリノール酸，α－リノレン酸は生体の成長および機能の維持に不可欠な脂肪酸であり，人体で合成できないものを必須脂肪酸という。健康のためには，これらの脂肪酸をバランスよく摂取する。目安として，飽和脂肪酸：一価不飽和脂肪酸：多価不飽和脂肪酸は3：4：3，多価不飽和脂肪酸のn－3系脂肪酸：n－6系脂肪酸は1：4，がある。脂質1g当たり9kcalの高エネルギーを産生するため，少食で摂取エネルギーの少ない高齢者にとって，効率のよいエネルギー源となる。一方，脂質の過剰摂取は肥満や脂質異常症，動脈硬化症などの原因になることから，成人では総エネルギー必要量の20～30％未満までが適切である。

4）ミネラル（無機質）

食品に含まれる成分のうち，炭素や水素，酸素，窒素などの有機質やビタミンを除いたものをいい，人体では約40種類存在する。主な種類と生理作用などを表2-2に示す。生理作用は，人体の構成成分としての働きと，体内での代謝を調節する作用とに大別できる。

5）ビタミン

食品中に微量含まれる栄養素であり，体内で調整素として働く。主なビタミンは13種類あり，性質から脂溶性ビタミンと水溶性ビタミンに大別される（表2-3）。

脂溶性ビタミンは，酸やアルカリ，熱に対して安定しており，脂質とともに摂取するこ

表2-2　ミネラルの主な種類と生理作用など

種　類	生理作用	体内の所在	含む食品
カルシウム (Ca)	骨や歯の形成，血液凝固，細胞の情報伝達	99％は骨や歯の成分。残りは血液，筋肉等	牛乳，乳製品，小魚，野菜，大豆製品
リン (P)	骨や歯の形成，糖質の代謝などエネルギーの生成	約80％は骨や歯の成分。残りは体内の組織	牛乳，乳製品，肉類，豆腐
マグネシウム (Mg)	骨や歯の形成，神経・筋肉の興奮性維持	70％は骨に，残りは筋肉，脳，神経に含まれる	穀類，ナッツ
ナトリウム (Na)	浸透圧の維持，神経・筋肉の興奮，pHの調整	約1/3は骨格に，残りは体液中に含まれる	食塩，しょうゆ，みそ，佃煮，漬物，ハム
鉄 (Fe)	赤血球のヘモグロビンとして酸素運搬，ミオグロビンが酸素を細胞に取り込む	赤血球のヘモグロビン，筋肉のミオグロビン	レバー，卵黄，のり，きなこ，ほうれん草
カリウム (K)	pHの調整，神経・筋肉の興奮	リン酸塩として体内にある	野菜，果物（スイカ，柿等）

出典）田崎裕美・水野三千代：「食生活と栄養」（『介護福祉学事典』），ミネルヴァ書房（2014）

表2-3 ビタミンの種類と生理作用

分類	種類（化学名）	生理作用	欠乏症	含む食品
脂溶性ビタミン	ビタミンA（レチノール）	成長の促進，視力の調節 皮膚・粘膜の健康保持	夜盲症，眼精疲労，細菌への抵抗力減	レバー，うなぎ，緑黄色野菜
	ビタミンD（カルシフェノール）	骨や歯の発育	くる病，骨粗鬆症	肝油，レバー
	ビタミンE（トコフェロール）	細胞の老化防止	未熟児の溶血性貧血，脂肪吸収障害	アーモンド，大豆，落花生，うなぎ
	ビタミンK（フィロキノン）	血液凝固因子の活性化	血液凝固の不良	納豆，緑黄色野菜，牛乳，乳製品
水溶性ビタミン	ビタミンB群 ビタミンB₁（チアミン）	補酵素として，糖質の代謝に関係 消化液の分泌を促し，食欲増進	脚気，多発性神経炎	米ぬか，豚肉，卵黄，豆類
	ビタミンB₂（リボフラビン）	補酵素として，エネルギー代謝に関係	口内炎，口角炎	レバー，牛乳，卵，チーズ
	ビタミンB₆（ビオチン）	アミノ酸代謝の促進，皮膚の健康保持	皮膚炎，口内炎	マグロ，サケ，サンマ，バナナ
	ナイアシン（ニコチン酸）	補酵素として，エネルギー代謝に関係	ペラグラ，口舌炎	牛乳，レバー，卵，チーズ
	葉酸	正常な造血作用 成長や妊娠の維持に必要	巨赤芽球性貧血	穀類の胚芽
	ビタミンB₁₂（コバラミン）	赤血球の増殖	巨赤芽球性貧血	レバー，貝類
	パントテン酸	補酵素として，エネルギー代謝に関係 脂質の代謝に不可欠	栄養障害，頭痛	レバー，穀類，卵
	ビオチン	補酵素として，糖質や脂質等の代謝に関与	リウマチ，糖尿病，皮膚炎	レバー，魚介類，種実類，大豆
	ビタミンC（アスコルビン酸）	体内の酸化還元，鉄の吸収に関係 ストレスに対する抵抗力増進	壊血病，貧血，皮下出血	野菜，果物，いも類

出典）田﨑裕美・水野三千代：「食生活と栄養」（『介護福祉学事典』），ミネルヴァ書房（2014）

とで，消化・吸収率が上がるが，過剰摂取は内臓障害などの原因となる。

一方，水溶性ビタミンは，酸やアルカリ，熱によって壊れやすいため，効率よく摂取するためには適切に調理し，摂取する必要がある。過剰摂取しても，尿などに排泄されるため，人体への支障はほとんどない。

（3）人体の代謝のしくみ

代謝とは，体内で生じるすべての化学変化とエネルギー変換のことをいう。人体では，食物からとったさまざまな栄養素が分解（異化）・吸収され，エネルギーや人体の成分となる（同化）。このような代謝の過程を物質面からみた場合を物質代謝，エネルギーからみた場合をエネルギー代謝という。

1）栄養素の消化・吸収

人が摂取した食物中に含まれる高分子化合物の栄養素を低分子化合物に消化して，体内に取り入れる過程を吸収という。図2-3に示すように，口腔から入った食物は食道，胃，十二指腸，膵臓，小腸，大腸を経て，肛門までの全長約9mの消化管を通って，消化・吸収が行われる。この間に，口腔内の咀嚼や胃の蠕動運動などの機械的消化や胃液・腸液

などの消化液に含まれる消化酵素による化学的消化，腸内細菌による生物的消化が行われる。5大栄養素のうち，高分子化合物である糖質，たんぱく質，脂質は，消化によって，ブドウ糖，アミノ酸，脂肪酸・グリセリンなどの低分子物質となり，消化管の内壁から吸収される。その一方で，ミネラル，ビタミン，水は低分子化合物であるため，消化を受けず，そのまま胃や小腸の内壁から吸収される。このような一連の過程のことを消化といい，胃や小腸の上皮を通して，消化された栄養素を血液やリンパ液などの体液に送り込むことを吸収という。このような消化の過程は，炭水化物で2～3時間，脂質で5～8時間ほどかかる。門脈やリンパを通じて，肝臓に集まってきた栄養素は，体細胞の分子に合成され，人体の成分として血液等を通じて，運ばれる（図2-4）。

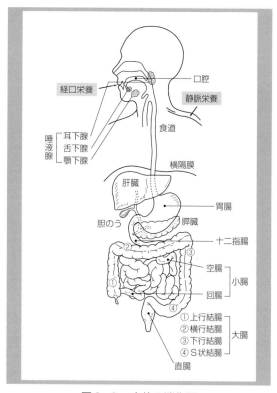

図2-3　人体の消化器
出典）田﨑裕美：『介護福祉のための家政学』（中川英子編著），建帛社，p.58（2004）

2）代　　謝

　栄養素の代謝とは，胃壁や小腸の内壁より吸収された栄養素が，体内で構成素，熱量素，調整素として消費される過程をいう。小腸の内壁から吸収された栄養素は以下の①と②の2つの経路を通って，全身に運ばれ，さまざまな器官で利用されたり，貯蔵される。

　①　炭水化物，たんぱく質，脂質の一部，ミネラル，水溶性ビタミン，水分の経路
　　　腸の毛細血管 ⇒ 門脈 ⇒ 肝臓 ⇒ 静脈 ⇒ 心臓 ⇒ 動脈 ⇒ 全身
　②　脂質，脂溶性ビタミンの経路
　　　腸のリンパ管 ⇒ 胸管 ⇒ 静脈 ⇒ 心臓 ⇒ 動脈 ⇒ 全身

　また，エネルギー源となる糖質，脂質，たんぱく質は，TCA回路（クエン酸回路）において，エネルギーとなるATP（アデノシン三リン酸）が生成され，二酸化炭素と水が排出される。リンパ管や門脈などの血管，血液，肝臓を通じて，栄養素が貯蔵されたり，全身を回って各組織で消費され，その後，残渣（例：アミノ酸は尿素）が尿中に排泄される。余ったブドウ糖はグリコーゲンとして肝臓や筋肉に貯えられるが，余剰の場合は脂肪として蓄積される。

3）エネルギー代謝と代謝量

　エネルギー代謝とは，体内に取り入れた食物が，エネルギー源として利用されるしくみ

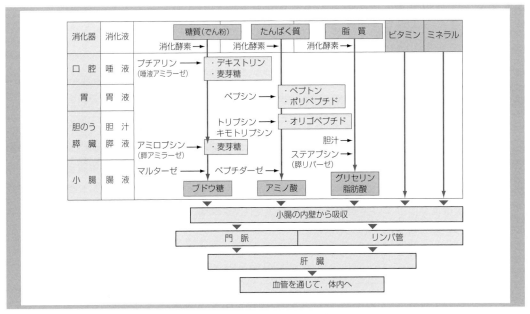

図2-4　5大栄養素の消化・吸収の過程
出典）田崎裕美：『介護福祉のための家政学』（中川英子編著），建帛社，p.59（2004）

であり，①基礎代謝量（体温の維持，呼吸，脳・心臓の活動など生命維持に必要なエネルギー消費量であり，年齢や性別，体格，気温，体温，栄養状態によって違いがある），②安静時代謝量（椅子に座るなど，一定の姿勢を保つためのエネルギー消費量），③運動時代謝量（家事や労働，運動などの身体活動を行うためのエネルギー消費量），④特異動的作用（食事を摂取することで体内の熱量生産が高まり，体が温まる）に分類される。

コラム　食欲のしくみ

　秋山翔君（3歳）は，保育園で運動会の練習を一生懸命しました。夕方，家に帰ってから，とてものどが渇いていたので，冷蔵庫で冷えていたオレンジジュースを，ごくごく飲みました。やがて，夕食の時間になりましたが，いつもと違って，あまり食欲がありません。大好きなハンバーグも，ほどんど残してしまいました。寝る時間になりましたが，だんだんお腹がすいてきて，なかなか眠れません。どうして，このようになったのでしょうか。

　子どもが食事の前に，何か食べたり飲んだりしたために，本来の食事を残してしまったということがよくあります。食欲に関与している器官は脳の間脳視床下部にある摂食中枢と満腹中枢で，血液中のブドウ糖（グルコース）濃度を常に感知して食欲をコントロールしています。糖分の多いジュースを飲むと，血糖値の上昇が起こるため脳は満腹と判断し，食欲を減退させます。液体は固形物と違って，胃に残りにくいために満腹感が得られにくく，すぐに空腹感を感じることになります。

　睡眠，食事，遊びなどの活動に少しずつメリハリが出てくる幼児期に，一生を通じての食事のリズムの基礎をつくってあげましょう。

3. 栄養素と食事摂取基準

(1) 日本人の食事摂取基準

　エネルギーや5大栄養素を，1日当たりどのくらい摂取したらよいのだろうか。日本人の食事摂取基準を表2-4に示す。これは厚生労働省が健康な個人または集団を対象に，国民の健康の維持・増進，エネルギー・栄養素欠乏症の予防，生活習慣病の予防，過剰摂取による健康障害の予防，重症化の予防を目的に，エネルギーおよび各栄養素の摂取量の基準を示している。2005年に策定され，5年ごとに見直しが行われている。保健所や民間健康増進施設等での栄養指導，学校や事業所等での給食提供，栄養士等の専門職にとって基礎となる科学的データである。

表2-4　幼児期，青少年期，高年期以降の食事摂取基準〔日本人の食事摂取基準（2020年版）〕

年齢(歳)	性別	エネルギー(kcal/日)	たんぱく質(g/日)		脂質の総エネルギーに占める割合(%エネルギー)	炭水化物(%エネルギー)	食物繊維(g/日)	ビタミンA(μRAE/日)		ビタミンB₁(mg/日)	
		推定エネルギー必要量	推定平均必要量	推奨量	目標量	目標量	目標量	推定平均必要量	推奨量	推定平均必要量	推奨量
1〜2	男性	950	15	20	20〜30	50〜65	−	300	400	0.4	0.5
	女性	900	15	20				250	350	0.4	0.5
3〜5	男性	1,300	20	25	20〜30	50〜65	8以上	350	450	0.6	0.7
	女性	1,250	20	25				350	500	0.6	0.7
18〜29	男性	2,650	50	65	20〜30	50〜65	21以上	600	850	1.2	1.4
	女性	2,000	40	50			18以上	450	650	0.9	1.1
65〜74	男性	2,050	50	60	20〜30	50〜65	20以上	600	850	1.1	1.3
	女性	1,550	40	50			17以上	500	700	0.9	1.1
75以上	男性	1,800	50	60	20〜30	50〜65	20以上	550	800	1.0	1.2
	女性	1,400	40	50			17以上	450	650	0.8	0.9

年齢(歳)	性別	ビタミンB₂(mg/日)		ビタミンC(mg/日)		ナトリウム(mg/日)(食塩相当量g/日)		カルシウム(mg/日)		鉄(g/日) 女性18〜29歳は月経あり	
		推定平均必要量	推奨量	推定平均必要量	推奨量	推定平均必要量	目標量	推定平均必要量	推奨量	推定平均必要量	推奨量
1〜2	男性	0.5	0.6	35	40	−	(3.0未満)	350	450	3.0	4.5
	女性	0.5	0.5	35	40	−	(3.0未満)	350	400	3.0	4.5
3〜5	男性	0.7	0.8	40	50	−	(3.5未満)	500	600	4.0	5.5
	女性	0.6	0.8	40	50	−	(3.5未満)	450	550	4.0	5.5
18〜29	男性	1.3	1.6	85	100	600(1.5)	(7.5未満)	650	800	6.5	7.5
	女性	1.0	1.2	85	100	600(1.5)	(6.5未満)	550	650	8.5	10.5
65〜74	男性	1.2	1.5	80	100	600(1.5)	(7.5未満)	600	750	6.0	7.5
	女性	1.0	1.2	80	100	600(1.5)	(6.5未満)	550	650	5.0	6.0
75以上	男性	1.1	1.3	80	100	600(1.5)	(7.5未満)	600	700	6.0	7.0
	女性	0.9	1.0	80	100	600(1.5)	(6.5未満)	500	600	5.0	6.0

注）推定エネルギー必要量については，1〜2歳，3〜5歳，18〜29歳は身体活動レベルⅡ（ふつう）の数値，65〜74歳，75歳以上は身体活動レベルⅠ（低い）の数値を示した。

表2-5 身体活動レベルと日常生活の内容

身体活動レベル	低い（Ⅰ）	ふつう（Ⅱ）	高い（Ⅲ）
基礎代謝量に対する倍数	1.5	1.75	2
日常生活の内容	生活の大部分が座位で，静的な活動が中心の場合	座位中心の仕事で，移動や立位の作業・接客，あるいは通勤・買い物・軽スポーツなどを含む場合	移動や立位の多い仕事への従事者。あるいは，スポーツなど余暇における活発な運動習慣をもっている場合

　栄養素の指標には，推定平均必要量（日本人の50％が必要量を満たすと推定される摂取量），推奨量（日本人の97～98％が必要量を満たすと推定される摂取量），目安量（推定平均必要量および推奨量を算定するのに十分な科学的根拠が得られない場合に，特定の集団の人々がある一定の栄養状態を維持するのに十分な量），耐容上限量（過剰摂取による健康障害をもたらす危険がないとみなされる最大限の量），目標量（生活習慣病の予防を目的に，現在の日本人が当面の目標とすべき摂取量）の5つがある。なお，エネルギーの指標はBMIであり，参考値として推定エネルギー必要量が示されている。この算出の根拠ともなる身体活動レベルは，日常生活の内容により3分類されている（表2-5）。

（2）食育基本法と食事バランスガイド

　2005（平成17）年に，食育基本法が施行され，生活習慣病等の一次予防を目指す「食育推進活動」が国民運動として展開されている。同年，健康的で望ましい食生活のためのガイドとして公表されたのが，図2-5の「食事バランスガイド」である。図の左のように，コマのイラストを主食／副菜／主菜／牛乳・乳製品／果物の5つに区分し，区分ごとに料理を「つ（SV）サービング」という単位で，年齢・性別・生活活動強度に応じた食事の目安量をあらわしている。5区分以外にも，欠かすことのできない水・お茶や運動はコマの

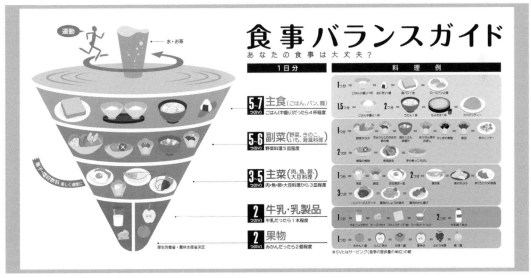

図2-5　食事バランスガイド

出典）農林水産省・厚生労働省

中心に示し，菓子・嗜好飲料は嗜好品とし，ひもで表現をしている。各区分の年齢・性別・生活活動強度に応じた目安量は表2-6のとおりである。

表2-6 食事バランスガイドの年齢・生活活動強度に応じた目安量

区分	主な栄養素	主な料理	1 SV（つ）の単位	18～69歳未満のSV 活動量ふつう 男性	女性	70歳以上のSV
主食	炭水化物の供給源	ご飯，パン，めん，パスタなどの料理	炭水化物が約40g，ご飯100g，食パン8枚切1枚	6～8	5～7	4～5
副菜	ビタミン，ミネラル，食物繊維の供給源	野菜，きのこ，いも，海藻料理	野菜，きのこ，いも，海藻等の重量が70g	6～7	5～6	5～6
主菜	たんぱく質の供給源	肉，魚，卵，大豆および大豆製品などを主材料とする料理	たんぱく質が約6g	4～6	3～5	3～4
牛乳・乳製品	カルシウムの供給源	乳，ヨーグルト，チーズなど	カルシウムが約100mg	2～3	2	2
果物	ビタミンC，カリウムの供給源	果物や果実的野菜	重量が約100g	2～4	2	2
菓子・嗜好飲料		菓子，菓子パン，甘味飲料，アルコール飲料など	1日200kcalまでを目安とする。ビールなら500mL，日本酒ならコップ1杯程度			

在宅介護での栄養指導

　金山トメさんは82歳。娘さんとの二人暮らしです。脳梗塞の後遺症もあり，要介護1で，在宅で娘さんに介護されています。食事に関しては，退院時に看護師より，水分でむせがあるので，とろみ調整食品（トロミ剤）を使うようにと言われたほかには，特にありませんでした。

　退院後2か月経ったとき，2週間に一度訪問診療に来てくれる医師に娘さんは，「だんだん食べる量が減っているのでちょっと心配です」と伝えました。診察の結果，過日の血液検査の結果をふまえて，水分のむせとともに低栄養を示していたため，管理栄養士による在宅訪問栄養食事指導を導入することをケアマネジャーとも協議して決めました。

　管理栄養士は身体計測をした後で，食べる側の金山さん，作り手の娘さんの両方から，食にかかわることを詳しく聞きました。結論から述べると，娘さんは病院ではおかゆに煮物，魚がよく出ていたので，それをまねたものが母親によい食事だと考えていました。水分は，とろみ調整食品を混ぜてすぐ飲ませていましたが，一度では飲みきれず，時間がかかっていました。一方金山さんは，若い頃からパン，カレーライス，ハンバーグが好みでした。多くの高齢者は和食が好きです。介護食のレシピも和食が多く載っていますが，好みは人によってさまざま。娘さんは，管理栄養士より，母親の好きな料理を食べやすい食形態にする方法と，使われていたとろみ調整食品は，入れた直後にちょうどよいと考えられるものでも，時間が経過するとかたくなるものだったということを聞きました。とろみ調整食品にはいろいろ種類があり，特徴があることも教わりました。その後，好みの料理であることで残す量も減り，月に一度利用しているショートステイで金山さんの体重測定をした結果，増加していることが報告されました。

3．栄養素と食事摂取基準　71

ワークシート ● こんな食事で大丈夫かな？

〈事例〉
　実習生の小林昭一さんは，コンビニエンスストアで昼食と夕食を購入しています。最近，風邪をひきやすく，便秘がちになりました。「こんな食事で，体に悪くないかなぁ」と，心配になってきました。今日の朝食はみかん1個とバターロール2個，昼食はおにぎり2個と鶏肉のからあげ3個，ヨーグルト1個，夕食はうどんと野菜サラダでした。

作業1
　表2-4（p.68），表2-6（p.70）を使って，小林さんのエネルギー必要量と，「何を」「どれだけ」食べたらよいかを書きましょう。

作業2
　図2-5の食事バランスガイド（p.69）を使って，不足している料理とその数（SV）をチェックしてみましょう。

エネルギー（　　　　　）kcal

主食	副菜	主菜	牛乳・乳製品	果物
つ（SV）	つ（SV）	つ（SV）	つ（SV）	つ（SV）

	料理名	量	主食	副菜	主菜	牛乳・乳製品	果物
朝	みかん	1個					1
	バターロール	2個	1				
昼							
夕							
間食							
計							

［1日に食べたものを，上から5つの料理区分に分け，塗ります。］

作業3
　足りない料理の区分とその数（SV）をあげましょう。

主食	副菜	主菜	牛乳・乳製品	果物
つ（SV）	つ（SV）	つ（SV）	つ（SV）	つ（SV）

4. 食品の分類と選択

(1) 食品の分類：食品の種類と役割

1) 生鮮食品と加工食品

　食品は，生鮮食品と加工食品に大別できる。生鮮食品は，鮮魚，生肉，野菜，果実など，加工していない食品をいい，農作物と水産物，畜産物に分類される。生鮮食品は一般的に品質の劣化が早いものが多いため，食品を選ぶ際には，鮮度を見極めるとともに，食品に合った方法で保存することで，劣化や変質を防ぐようにする。

　加工食品は，生鮮食品に乾燥や塩蔵，燻製，酢漬けなど工業的に手を加え，嗜好性や貯蔵性を高めたもので，賞味期間等が長いものが多い。食品を加工することで，①保存性が増し，安全で衛生的なものにする，②消化しやすくする，③嗜好性を向上させる，という利点がある。

　食品の選択では，食品表示や鮮度，価格などの情報から，適切なものを判断する。食品表示法により食品の表示は定められており，生鮮食品は，食品の名称と原産地の表示，期限表示などが義務づけられており，加工食品は，名称（原材料名に記載，添加物を含む），内容量，賞味期限，保存方法，製造業者の氏名または名称および住所など，大豆やとうもろこしなどの遺伝子組換え農作物やその加工食品についても，その表示が義務づけられている。

2) 食品成分表の分類

　食品に含まれる栄養素等のデータをまとめたものが「日本食品標準成分表」である。食品成分表は，日常使用される食品を中心に，植物性食品（1～9類），動物性食品（10～13類），油脂（14類），加工食品（15～18類）の順に，五十音順に食品名が掲載されている。食品番号，索引番号，食品名に加えて，食品の成分に関する項目は，廃棄率，エネルギー，水分，たんぱく質，脂質，炭水化物，有機酸，灰分，無機質，ビタミン，アルコール，食塩相当量など，54項目にのぼる。これらの成分は，すべて可食部（食べられる部分）100g中の量で示されており，肉類，魚介類，野菜類などでは，調理後の成分も収載されている。

3) 食品群

　食品に含まれる成分の構成が似ているものを1つの食品群に集めて分類したものが食品群である。「6つの基礎食品群」（表2-7）と，体内での働きが同様の食品を分類した「三色食品群」（表2-7）と「4つの食品群」（表2-8）がある。このうち，厚生労働省が提唱しているのは6つの基礎食品群で，食品群ごとに年代別にみる食品群別摂取量が定められており，毎回の献立をたてる際にはこの摂取量を基準として，使う食品や量を決めることができる。

(2) 食品の加工と表示

1) 食品の加工

　食品の加工方法には，乾燥（昆布，乾しいたけ，するめなど）や塩蔵（塩鮭，塩蔵わかめな

表2-7 三色食品群と6つの基礎食品群

三色食品群	群	赤 群		緑 群		黄 群	
	働き	血や肉をつくる		体の調子を整える		働く力や熱となる	
	食品	魚・肉・豆類・乳・卵		緑黄色野菜・淡色野菜・海藻・きのこ		穀類・砂糖・いも類・油脂	
6つの基礎食品群	群	第1群	第2群	第3群	第4群	第5群	第6群
	働き	骨や筋肉等をつくるエネルギー源となる	骨・歯をつくる体の各機能を調節	皮膚や粘膜の保護体の各機能を調節	体の機能を調節	エネルギーとなる	エネルギーとなる
	主な栄養素	たんぱく質	ミネラル(カルシウム)	ビタミンA(カロテン)	ビタミンC	炭水化物	脂質
	食品	魚類・魚介加工品,肉・肉加工品(ハム,ソーセージ等),卵,大豆・大豆製品(豆腐,みそ等)	牛乳・乳製品(ヨーグルト,チーズ等),小魚(ししゃも,堅くちいわし等),海藻(わかめ,のり,ひじき等)	緑黄色野菜※,しゅんぎく,ほうれんそう,ブロッコリー,にんじん,グリーンアスパラ他	その他の野菜・果物(キャベツ,うど,みかん)	米,パン,めん,いも類(じゃがいも,さつまいも等),砂糖	油脂類(サラダ油,マーガリン,マヨネーズ等)

※カロテン含有量が100g当たり,600μg以上

表2-8 4つの食品群(四群点数法)

4つの食品群	群	第1群		第2群		第3群			第4群		
	働き	栄養を完全にする		血や肉をつくる		体の調子をよくする			力や体温となる		
	主な栄養素	たんぱく質,脂質,ビタミンA・B₂,カルシウム		たんぱく質,脂質,ビタミンA・B₁・B₂,カルシウム		ビタミンA・C,カロテン,ミネラル,食物繊維			糖質,たんぱく質,脂質		
	食品	乳・乳製品	卵	魚介・肉	豆・豆製品	野菜	いも類	果物	穀類	砂糖	油脂
	点数※	2	1	2	1	1	1	1	8	1	2

※1日20点(1,600kcal)の基本パターン。80kcal=1点。

ど),燻製(スモークハムなど)などがあり,①保存性が増し,安全で衛生的なものにする,②消化しやすくする,③嗜好性を向上させる,という利点がある。

このような加工食品には,おいしく食べることのできる期間である「賞味期限」を設定し,明記するように定められている。未開封なら数週間から数年間保存できる食品に用いられる。その食品の品質が変質してしまう期間より余裕をもって定められている。牛乳などのように,保存期間が数日間しかない食品には「消費期限」を使用する。

加工食品には,賞味期限以外にも,原材料名等の表示が定められている。加工食品は,一度封を開けることで,空気中の微生物等が混入してしまい,保存期間が短くなる。開封したあとは,表示に記載されている保存方法に従って保存し,早めに使い切ることが重要である。

2）食品の表示

生鮮食品は，食品表示法に基づいた「食品表示基準」により，食品の名称と原産地の表示や，食品によって期限表示が義務づけられている（図2-6）。

加工食品も同じく，食品表示基準により表示義務が定められており，必ず表示しなければならない（図2-7）。以下に加工食品の主な表示について説明する。

```
フィリピン産（太平洋）　解凍
メバチマグロ（刺身用）1000円　200g
消費期限　平成28.12.3
保存方法　10℃以下で保存
○○株式会社　東京都千代田区○○○
```
図2-6　生鮮食品の表示例

```
品名：ポークソーセージ（ウィンナー）
原材料名：豚肉・食塩・水あめ・蛋白加水
　分解物（大豆を含む）・香辛料・調味料
　（アミノ酸等）・リン酸塩（Na・K）・保存
　料（ソルビン酸）・pH調整剤・酸化防止
　剤（ビタミンC）・発色剤（亜硝酸Na）
内容量：134g
賞味期限：2018.05.15
保存方法：10℃以下で保存して下さい
販売者：○○株式会社
　　　　△△県□□市××1-1-1
```
図2-7　加工食品の表示例

① 原材料名：加工食品を製造する際に使った食品と食品添加物が表示されている。食品のうち，指定された食品については原産地，アレルギー物質を含む場合はその旨の表示が義務づけられている。

② 内容量：加工食品の重さ（g）や個数が明記されている。

③ 期限表示：期限表示には，消費期限と賞味期限の2種類がある。両者とも開封前であり，指定の保存方法（④保存方法参照）により適切に保存されたものについて有効である。

④ 保存方法：その食品の消費期限・賞味期限まで品質を保つために，どのような方法で保存すればよいのかが表示される。

⑤ 製造者・販売者：表示について責任をもつ会社（製造者，販売者）の名称，住所が表示される。

3）食品添加物

食品添加物は，食品衛生法により，「食品の製造過程において又は食品の加工若しくは保存の目的で，食品に添加，混和，浸潤その他の方法によって使用するもの」と定義されている。目的別にみると，①食品の保存性を高める（保存料，酸化防止剤，品質保持剤，防かび剤など），②食品の風味や外観をよくする（着色料，香料，甘味料，発色剤など），③製造上欠かせない，作業工程の効率を高める（食品製造用添加物，消泡剤，膨張剤など），④食品の品質を変化させる（増粘剤，発色剤，糊料，乳化剤など），⑤栄養を強化する（栄養強化剤：アミノ酸類，ビタミン類など）の5種類がある。現在，化学の合成品，天然添加物にかかわらず，厚生労働省に認可されている食品添加物は1,000種以上にのぼる。

4）食物アレルギー

食物アレルギーは，特定の食物を摂取したあとに，食物の成分（たんぱく質）を異物として認識し，自分の身体を防御するために，皮膚，呼吸器，消化器，あるいは全身にアレルギー反応を起こすことをいう。重度の場合は，アナフィラキシー症状となり，生命にかかわる場合もある。消費者の健康危害の発生を防止する観点から，発症数・重篤度から勘

案して特に必要度の高い，小麦，そば，卵，乳，ピーナッツ，えび，かにの7品目は特定原材料として，加工食品での表示が義務化されている。また，特定原材料に準ずるものとして，あわび，いか，いくら，オレンジ，カシューナッツ，キウイフルーツ，牛肉，くるみ，ごま，鮭，さば，大豆，鶏肉，バナナ，豚肉，まつたけ，もも，やまいも，りんご，ゼラチンの20品目についても，可能な限り表示に努めるよう奨励されている。

なお，原因食品には，年齢による変化がみられる。乳児期から幼児期にかけては，鶏卵と牛乳が症例の半数以上を占め，その後，小麦粉，そば，甲殻類などがあげられる。

5）食品表示マーク

私たちが普段目にする食品には，表2-9にあげる食品表示マークがついていることが多い。これらのマークは，それぞれの用途別に規格が定められており，その審査を通過した食品につけられる。いずれも，消費者が商品を購入するときその品質や使い方がよくわからずに商品を選択したり，商品を取り扱う際などに不利益を被らないために役立っている。近年，健康食品は，健康志向の高い消費者に支持され，大幅に売り上げが伸びている。国が定めた基準を満たす「保健機能食品」には，栄養機能食品（定められた栄養成分のみで表示することができる）と特定保健用食品（許可された保健の用途を表示できる），機能性表示食品（事業者の責任において表示し，届出）がある。

かむ・飲み込む力に障がいがある場合，日本介護食品協議会では，「ユニバーサルデザインフード」という名称で，調理加工食品やとろみ調整食品を選択する際の目安を表示している（表2-10）。近年では農林水産省がスマイルケア食（新しい介護食品）として枠組を

表2-9 日常生活で見られる食品表示マーク

名　　称	食　品	特　徴
JASマーク	飲食料品及び油脂（即席めん，マーガリン類，ジャム等38品目）	・登録認定機関の検査により，品位，成分，性能等の品質についてのJAS規格を満たす食品や林産物につけられる
有機JASマーク	有機農産物および有機農産物加工食品 有機栽培されたほうれん草・トマトなど	・特定JAS規格を満たした有機農産物および有機農産物加工食品につけられる ・「オーガニック○○」「有機栽培○○」と表示できるのはこのマークをつけている食品のみ
飲用乳の公正マーク	牛乳 低脂肪乳・特濃牛乳などの加工乳	・飲用乳の種類別名称（加工乳など），成分の割合（加工乳の場合），主要原料名および乳飲料の主要混合物の名称 ・殺菌方法，製造年月日，内容量，製造業者の氏名，保存方法等を明記しなければならない
特別用途食品マーク	・病者用食品（低たんぱく食品など） ・妊産婦，授乳婦用粉乳 ・乳児用調製粉乳 ・高齢者用食品	・妊産婦，高齢者用の食品など，特別な用途に適すると消費者庁が認めた食品につけられる
特定保健用食品マーク	ヨーグルト・清涼飲料水など	・からだの生理学的機能などに影響を与える，消費者庁が認めた食品につけられる保健機能成分を含む

出典）田﨑裕美：『介護福祉のための家政学』（中川英子編著），建帛社，p.67（2004）を改変

表2-10　ユニバーサルデザインフードの区分

区分	区分1 容易にかめる	区分2 歯ぐきでつぶせる	区分3 舌でつぶせる	区分4 かまなくてよい
かむ力の目安	固いものや大きいものはやや食べづらい	固いものや大きいものはやや食べづらい	細かくてやわらかければ食べれられる	固形物は小さくても食べづらい
飲み込む力の目安	普通に飲み込める	ものによっては，飲み込みづらいことがある	水やお茶が飲み込みづらいことがある	水やお茶が飲み込みづらい
固さの目安（例：ごはん）	ごはん～やわらかごはん	やわらかごはん～全粥	全粥	ペーストごはん

出典）日本介護食品協議会ホームページ「区分表」より作成（http://www.udf.jp/about/table.html）（2014.3.30）

整備している。

（3）食品の保存

　食品の保存に対する理解は，安全でおいしい食事の提供のみならず，食糧廃棄率の減少にもつながり，食料自給率の低いわが国にとって，重要なことである。食品の主な保存方法には，①冷蔵，②冷凍，③乾燥，④加工（塩蔵，酢漬け），⑤殺菌（缶づめ，レトルト，びんづめ），⑥紙で包装（新聞紙で野菜を包む）があり，個々の食品に適切な方法をとることで良好な状態が保たれる。冷凍冷蔵庫の機能が向上していることを過信し，食品の保存方法に問題がある場合も多くみられるため，図2-8に示すように，適切な方法で保存し，食品を保存期間内に食べることが重要である。

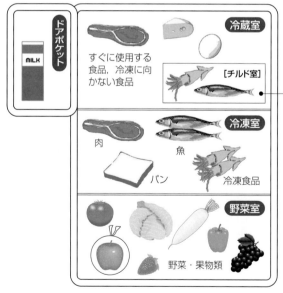

図2-8　冷凍冷蔵庫の使用方法

出典）田﨑裕美・中川英子編著：『生活支援のための調理実習 第2版』，建帛社，p.25（2014）より改変

ワークシート ● 食品の保存のしかたを考えてみよう

〈事例〉
　利用者の斎藤はなさん（78歳・女性）は一人暮らしで膝が悪いため，買い物に行くことができません。そこで，食材の購入を実習生の秋山仁美さんに依頼しました。秋山さんが購入してきたさつまいもを冷蔵庫に入れたところ，斎藤さんから注意を受けてしまいました。秋山さんは料理や買い物の経験が少ないので，食品をどこに保存したらよいのか困ってしまいました。

作業1
さつまいもをなぜ，冷蔵庫に入れてはいけないのでしょうか。

作業2
次の食品の保存場所を図2-8（p.74）を参考に考え，（　）に番号を入れてみましょう。
　①冷蔵庫　②チルド室　③冷凍庫　④野菜室　⑤ドアポケット　⑥室温保存
- 生肉・生魚　　（　）　肉汁（ドリップ）が他の食品につかないようにする
- 卵　　　　　　（　）　とがったほうを下向きにする
- にんじん　　　（　）
- たまねぎ　　　（　）
- キャベツ　　　（　）　芯をくりぬき濡らしたペーパーなどを詰める
- ほうれんそう　（　）　湿らせた紙で包み，根を下向きにする
- りんご　　　　（　）　ビニール袋に入れる
- ツナ缶　　　　（　）　残りは缶から別の容器に移す
- 乾燥ひじき　　（　）
- 冷凍食品　　　（　）　一度解凍したものの再冷凍は避ける

コラム　「もったいない」——食中毒について

　ノーベル平和賞を受賞したワンガリ・マータイさん（ケニア出身）は，来日の際に「もったいない」という日本語に出合い，資源を大切にするためにも，世界共通語として「MOTTAINAI」を広めることを提唱しました。日本にはもったいないと物を大切にする言葉があります。戦前戦後を生きてきた，また，物を生産することを長年の仕事としてきたような高齢者にとっては，このもったいないという気持ちは特に強いのではないかと考えられます。

　訪問介護サービスで利用者宅の支援を行う際にも，この「もったいない」にはよく遭遇します。以前，買い物などの支援で訪問していた利用者が激しく嘔吐したことがありました。食中毒を起こしていたのです。食中毒を起こした原因をつきとめようとしましたが，直前に食べた食品は，火がしっかりと通され，賞味期限も問題がありませんでした。数日して，食中毒になったと思われる原因がわかりました。お手塩（手塩皿）に入れたしょうゆでした。その利用者は，刺身を食べたあとに小皿に残ったしょうゆをもったいないとラップで包み，食卓に置いて数日間使っていたのでした。

　「もったいない」という気持ちや，その人の価値観を大切にしながら，危険を回避できるような支援をするには，まずは，食品についてよく知ること，衛生管理の方法について知ること，自分の生活の中で食品の買い出しから，口に入るまでに必要なことを知ることから始まります。

5. 食の安全と食中毒

(1) 食の安全
1) 食の安全とは
　食の安全は，私たちの健康を守るうえで，きわめて重要な課題である。安全でおいしい食事を提供する際の危害要因として，①生物学的要因（食中毒，ウイルス，寄生虫），②化学的要因（農薬，添加物など），③物理的要因（放射能，日光，湿度）などがあげられる。

　食の安全を守るために，国は，「食品衛生法」や「JAS法（農林物資の規格化等に関する法律）」，「製造物責任法（PL法）」（加工食品に限る）などによって，食品の栽培や生産，製造，販売等の過程を管理している。また厚生労働省では，HACCP（ハサップ）システム（p.81のコラム参照）により，食品の購入，保存，調理等の過程をはじめ，家庭での食品の衛生管理をトータルな視点からとらえることを推奨している。

　各メーカーや小売店は，法律に沿って食品の製造・販売を行っているが，大規模な食中毒事件や食品表示の偽装事件，有害物質が混入した食品の流通事件などが相次いで発生し，食品の安全性が疑問視される機会も多い。消費者も食品を選択するための知識をもち，実行することで，毎日の食生活を安心して送ることができるようにしたい。

2) 食の安全をめぐる問題
① 食品に含まれる化学物質
　食の安全をめぐり，環境ホルモン，残留農薬，食品添加物，放射能汚染など食品に含まれる化学物質が，人体へ及ぼす影響への関心が高くなってきている。環境ホルモンは正式には，外因性内分泌攪乱物質というが，殺虫剤や除草剤，プラスチック製品から，環境中に溶け出し，食物連鎖を通じて人体に入り，ホルモンに作用するといわれる物質である。

　残留農薬とは，収穫後の農作物に残る農薬をいい，2006年に農林水産省はポジティブリスト制度を導入し，残留農薬の基準値を超える食品が流通することを禁止している。食の安全性を高めるために，農薬や化学肥料の使用量や使用期間を制限したり，土壌改良を行うことで，有機栽培（オーガニック栽培）や特別栽培（無農薬，減農薬，低農薬）による農作物も生産されている。

　食品添加物は1,000種以上が認められており，化学合成品と天然添加物に大別できる。これらの添加物は人体に影響がないと判断されたものがADI（1日の摂取許容量）に基づき，認可されている。東日本大震災（2011年3月）以降，食品の放射能汚染も食の安全をめぐる問題となっている。農林水産省は，農畜水産物等に含まれる放射性物質（放射性セシウム濃度）の検査結果をもとに出荷調整を行い，その結果を公表している。食の安全に関する情報は風評被害もあるため正しい情報により判断したい。

② 遺伝子組換え食品
　遺伝子組換え技術（除草剤耐性，害虫抵抗性などを目的）を利用して作られた農作物を遺伝子組換え農作物，それを原料として作られた加工食品を遺伝子組換え食品という。遺伝子

表 2-11 食品の変質

食 品	主な栄養素	主な変質	原 因	対処法
肉類 魚介類	たんぱく質	色の変化・表面の粘り（ネト）・悪臭・酸味	腐敗細菌	低温保存・再加熱・残したものは捨てる　など
穀類	糖質	カビが生える	カビ	表面だけでなく中心部まで胞子が侵入していることが多いので，カビが生えたものは捨てる 可能なら冷凍保存
野菜類 果実類	糖質・（水）	しおれる・（葉物野菜が）変色する	呼吸による水分の蒸発 クロロフィルの変色	密封し，呼吸させないようにする
		変色する	エチレンガスによる過熟	エチレンガスを放出するりんごなどはビニール袋に入れて密封
油脂類	脂質	変色・粘り・悪臭	酸素・光による過酸化	酸素に触れないように密閉 光に当たらない場所に保存 できるだけ低温になる場所で保存

組換えの農作物の例として，大豆，なたね，とうもろこしがある。

同技術の使用は，歴史的にも日が浅く，人工的に作られた農作物であることから，食品としての安全性や生態系への影響等が疑問視されている。わが国では，「食品衛生法」「JAS法」の安全基準に基づき，使用が許可されており，加工食品の原材料として使用した場合は，表示を義務づけている。

③ 食品トレーサビリティ

2000年代に入り，BSEや産地偽装など食の安全性をめぐる問題が契機となり，トレーサビリティ制度ができた。食品トレーサビリティとは，「食品の移動を把握できること」であり，食中毒など健康に影響を与える事故などが発生した際に，問題のある食品の流通経路を追跡し，原因を調査し遡及することができる。2017年現在，農林水産省は牛と米・米製品に次いで農作物，畜産物，水産物についても導入を推進している。

④ 食品の変質と変敗

食品は時間経過とともに，空気中や食品中に存在する細菌やカビの胞子などの微生物によって変質が起きる。変質により食用にならない状態を変敗という。食品が変敗しないよう，早めに対処を行うよう心がけたい（表2-11）。

(2) 食 中 毒

1) 食中毒とは

変質・変敗と異なり，食中毒を起こす微生物に侵された食品は，見た目やにおいなどでは判別できない。食中毒とは，原因となる細菌やウイルスが付着した食品や，有毒・有害な物質が含まれる食品を食べることによって，頭痛・発熱のほか，嘔吐・腹痛・下痢などの健康被害の症状が起きることをいう（表2-12）。

2) 食中毒の予防

細菌性の食中毒を予防するために，①菌をつけない，②菌を増やさない，③菌を殺す，

表 2-12　主な食中毒の種類

分類		名　称	主な生育場所	予　防	症状・その他
細菌	感染型	腸炎ビブリオ	海水 魚介類	真水で洗う 加熱調理	腹痛・下痢
		サルモネラ	豚・鶏・鶏卵 ペット	低温での保存 加熱調理	嘔吐・腹痛・下痢・発熱
		カンピロバクター	牛・豚・鶏 犬猫などのペット	加熱調理	下痢・発熱・嘔吐・腹痛・筋肉痛
	毒素型	黄色ブドウ球菌	空気中 皮膚の傷口	低温保存 加熱調理 （ただし毒素は残る）	嘔吐・腹痛 症状は毒素エンテロトキシンが原因
		ボツリヌス菌	土壌や海，川などの泥砂	加熱調理（120℃ 4分間）	嘔吐，神経障害 嫌気性菌で，缶詰や容器包装食品等が原因 1歳未満は乳児性ボツリヌス症の危険があるため，はちみつは与えないこと
	中間型	病原性大腸菌O157	牛などの腸内や糞便	加熱調理	腹痛・下痢・下血・ 溶血性尿毒症症候群（重症の場合） 症状はベロ毒素が原因
		ウェルシュ菌	牛・豚などの家畜	低温での保存（熱に強い）	腹痛・下痢
ウイルス		ノロウイルス	二枚貝 感染者の糞便	加熱調理 塩素系漂白剤での消毒	嘔吐・腹痛・下痢 冬期の発生が多い
自然毒		毒きのこ・じゃがいもの芽（ソラニン）・カビ毒（アフラトキシン）・ふぐ毒（テトロドトキシン）など毒性動植物の誤食により発生 症状は神経症状，消化器症状などさまざま			
化学性		有害金属（ヒ素，水銀など）・農薬・化学薬品が食品に混入することによって起こる 件数は少ないが，規模が大きく，重篤な後遺症が残ることが多い			

※加熱調理：食品の中心温度75℃を1分以上保つのが基本（二枚貝などノロウイルス汚染のおそれのある場合は，85〜90℃を90秒間以上）

出典）中川英子ほか編著：『介護福祉士養成テキスト11　生活支援技術Ⅳ』，建帛社，p.62（2009）一部改変

の3原則がある。①は，まな板などの調理器具を清潔に保ち，調理する際に食品に微生物をつけないようにする。②は，食品などを適切な環境で保存し，微生物を繁殖しにくくする。③は，熱湯をかける，加熱調理をするなどで微生物を死滅させる，などの方法で，家庭でも簡単に行うことができる。

発生時期は冬場で，これはノロウイルスによるものが半数を占める。次いで，高温多湿な時期に多い。高齢者や乳幼児など，抵抗力が弱いので，食中毒にかかる危険性は高くなる。食材の鮮度に気をつけるとともに，まな板などの台所用品，布巾，冷蔵庫内などの衛生管理にも十分な注意が必要である。

なお，ノロウイルスは，学校，福祉施設，病院等での集団感染の危険性の高い食中毒であり，感染した患者の糞便や嘔吐物を介して経口感染する。このため，①家族・施設利用者の健康状態を観察する，②症状があるときは調理関係作業をしない，③手洗いを徹底する（トイレや調理の前後），④食器・調理器具類等を洗浄・消毒する，⑤責任者を中心に症状のある人の報告の徹底を行うことが大切である。

ワークシート ● こども園での食中毒予防を考えてみよう

作業

認定こども園の菜園に、みんなで栽培したじゃがいもがたくさん実りました。そこで、収穫をお祝いして、子どもたちと一緒に、カレーライスを作ることになりました。安全・安心で楽しいクッキングを行うため、ワークシートに沿って、食中毒予防のポイントを考えてみましょう。

① 食中毒予防のための3原則とはどんなことですか。また、それぞれどんなことに気をつけたらよいか、考えてみましょう。

　1．菌を＿＿＿＿＿＿＿＿＿＿　2．菌を＿＿＿＿＿＿＿＿＿＿　3．菌を＿＿＿＿＿＿＿＿＿＿

---

② じゃがいもの芽や緑色になった部分に多く含まれる毒素について調べ、調理するうえでの注意点、保存するうえでの注意点などについて考えてみましょう。

　毒素名：＿＿＿＿＿＿＿＿＿＿＿＿

---

③ 子どもたちにしっかりと手洗いの指導ができるよう、下図を見ながらやってみましょう。

❶
流水で汚れを簡単に洗い流した後、石けんをつけて十分に泡立てる。

❷
手のひらをあわせてよくこすり、次に手のひらと甲を合わせてこする。

❸
両手を組むようにして、指の間をよく洗う。

❹
爪の間も十分に洗う。

❺
親指は、反対側の手でねじるように洗う。

❻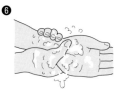
手首も忘れずに、反対側の手でねじるようにして洗う。

❼
蛇口を石けんで洗い流してから水を出し、流水で石けんと汚れを十分に洗い流す。

❽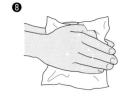
清潔な乾いたタオルなどで水気をふき取る。

（田崎裕美・中川英子編著：『生活支援のための調理実習　第2版』、建帛社、p.26（2014））

調理前、肉・魚・卵を直接手で扱った後、作業が変わるごとに、こまめに手洗いをしましょう。

コラム　HACCP（ハサップ）とは

HACCPとは、NASA（アメリカ航空宇宙局）が宇宙食の安全性を管理するために考案した方法で、危害分析（HA）、重要管理点（CCP）のことをいいます。製造における重要な工程を連続的に管理することにより、製品の安全性を保障する衛生管理の手法です。

このシステムを家庭の食生活にあてはめると、①食品の購入、②食品の保存、③下準備、④調理、⑤食事、⑥残った食品や料理の保管等の6つのポイントがあります。これらを連続的に管理することで、食の安全が保たれます。

6. 健康と食生活

(1) 健康とは

　健康の定義として，WHO（世界保健機関）の「身体的，精神的および社会的に完全に良好な状態で，単に疾病または病弱でないことだけをさすものではない」がよく用いられている。健康には「栄養」「運動」「休養」の3つの要素があり，これらのバランスを整えることで，健康の維持・増進につながる。日常生活では，風邪やインフルエンザなどの感染症をはじめ，過労やストレスなど健康を阻害するさまざまな要因がある。私たちは生体の調整機能であるホメオスタシス（恒常性）の働きによって，健康状態を保っている。

　日本人の主な死因は，図2-9に示すように，悪性新生物（がん），心疾患（心臓病），肺炎，脳血管疾患である。生活習慣病と関係する疾患が多く，遺伝的な素因のほか，栄養の偏りや運動不足，ストレスなどが大きくかかわることから，栄養，運動，休養などの生活習慣を見直すことで，健康づくりを心がけていきたい。

(2) 国民健康・栄養調査と健康づくり

　厚生労働省（旧厚生省）は，国民の健康状態および栄養素などの摂取状況を把握するために，1945（昭和20）年より，「国民健康・栄養調査」（旧「国民栄養調査」）を毎年実施している。近年では，カルシウムを除いて概ね必要な量に達しているものの，全体的に脂質のエネルギー比率（PFC比）が高いこと，1日の塩分摂取量が多いこと，20歳代の朝食欠食

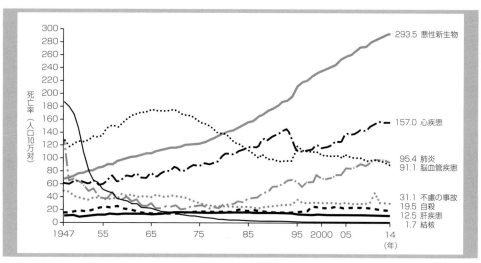

図2-9　生活習慣病の推移

注1）：1994・1995年の心疾患の低下は，死亡診断書（死体検案書）（1995年1月施行）において「死亡の原因欄には，疾患の終末期の状態としての心不全，呼吸不全等は書かないでください」という注意書きの施行前からの周知の影響によるものと考えられる。
　2）：1995年の脳血管疾患の上昇の主な要因は，ICD-10（1995年1月適用）による原死因選択ルールの明確化によるものと考えられる。

出典）「人口動態統計」（2015）

率が高いこと，男性では高血圧症予備群や肥満者が，女性では鉄欠乏性貧血症ややせ傾向の者が増加していることなどが問題点として指摘されている。こうした国民栄養の状態を受け，1988（昭和63）年から国民健康づくり対策を実施し，栄養，運動，休養を対象とした普及啓発を行い，生活習慣病の一次予防や二次予防に努めている。

一方わが国は，生活水準の向上や医療技術の進歩などによって世界でも屈指の長寿国であり，高齢化率も高い。厚生労働省は国民の健康長寿年齢を伸ばし，生活の質を向上させるために，地方自治体等を通じて，2000（平成12）年より「21世紀における国民健康づくり運動」（現「健康日本21（第二次）」）に取り組んでおり，生活習慣病を中心とした施策を体系的にとらえ直し，食生活，飲酒，喫煙等に関する目標値を定め，健康長寿実現に向けた保健活動を行っている。2000年3月に，当時の厚生省，文部省，農林水産省が策定した「食生活指針」は，具体的な食事内容から，日常生活習慣の問題，資源問題，食料自給率の問題まで，「食」に関するさまざまな問題を取り上げ，指針を示している。

（3） ライフステージ別にみる食生活と健康

食生活と健康の問題はライフステージによって，大きく変化する。そこで，乳児期 ⇒ 幼児期 ⇒ 学童期 ⇒ 青少年期 ⇒ 中年期 ⇒ 高年期に区分して，みていきたい。

1）乳　児　期

生後5〜6か月までは免疫体を含み，消化吸収もよい母乳や人工乳が第一の栄養源となる。生後5〜6か月頃になると，乳汁栄養（母乳・人工乳）だけでは，たんぱく質や鉄等のミネラルが不足するため，離乳食が始まり，1歳〜1歳半までに幼児食に移行する。離乳食の完了期には，必要な栄養成分のほとんどを食事からとれるようになる。

2）幼　児　期（1〜5歳）

1〜2歳は，大人の食事に近いスタイルの食事がとれるようになる時期であり，かみつぶしができて，乳歯が生えそろうことで，硬めの食べ物の咀嚼もできるようになる。消化器の発育は不十分で，繊維の多いもの，硬すぎるもの，香辛料などは避けたい。

3〜5歳は，発育，発達が盛んな時期であり，好き嫌いなどがみられる時期である。活動と食事のリズムが大切であり，グループでの食事や箸使いができるようになったり，自我がめばえることで，一人ひとりに合った接し方が大切になる。

3）学　童　期（6〜12歳）

6〜12歳の学童期は心身の成長が盛んな時期であり，永久歯に生え変わり，年齢とともに，筋肉や骨格が発達し，高学年になると女性ホルモンの分泌が始まる。食生活では，たんぱく質やカルシウムをはじめ，栄養バランスが重要となる。間食・朝食・夕食のバランスが崩れたり，休日の食生活が課題となる。

4）青　少　年　期

中高生は栄養摂取量が最も多くなる時期であり，成長や身体活動レベルに応じた食事をとる必要がある。特に部活動などによって，消費エネルギーや発汗量などが多い場合は，補食や水分補給などの機会を設ける必要がある。塾通いや部活動，夜型の生活によって，

食事のリズムが崩れやすく，外食の機会も増えるため，食の自立を考えたい。

大学生となり，親元から離れる場合は，毎日の食事を整えるための知識や技術が必要となる。親元から通学する場合も，勉強やクラブ，アルバイト等によって，生活リズムが大きく変化することから，栄養バランスのよい食事をどのようにとるかが，課題となる。

社会人となってからは，仕事等の生活リズムや住まいによって，食生活も大きく変化する。朝食欠食が最も多いのがこの時期であり，食を通じた健康管理を身につけたい。

5）中年期

働き盛りであり，社会的にも家庭内においても，さまざまな役割を担う時期である。加齢とともに，心身の機能に変化がみられ，基礎代謝も低下していく。これまでの生活習慣や遺伝的要因から，高血圧症，糖尿病，肥満などの生活習慣病になるリスクが増大する。食生活を通じて，生活習慣病を予防・改善するための知識・技術を身につけ，日常生活で実践することが大切であり，その後の健康状態に大きな影響がみられる。

6）高年期（60歳～）

子育てもひと段落し，仕事も定年を迎えることで，日常生活のリズムが大きく変化する時期である。加齢とともに高血圧症など生活習慣病の罹患率が上昇し，複数の疾患を抱える場合も多くなる。日常の生活習慣を見直すことで，生活習慣病などの悪化を防いだり，健康診断結果から推奨される食生活を通じた健康管理が大切になる。

 「健康でいたい」──熱中症について

総務省消防庁の熱中症情報によると，2016（平成28）年8月には，熱中症により2万1,383人が救急搬送されています。高齢者が最も多く，次いで成人，少年，乳幼児の順となっています。

熱中症にならないように，こまめな水分補給などは周知されてきていますが，それだけでは熱中症を防ぐには十分とはいえません。

要支援のレベルで，家事の一部に支援を受け自立した生活をしていた一人暮らしの高齢者が，熱中症で救急搬送された事例があります。円背で腰に痛みがあることから，運動はできませんでしたが，何十年も毎朝，乾布摩擦を欠かさず，腎不全だった夫のために10年以上も減塩食など制限のある食事を作っていた努力家でした。子どもはいなかったため，夫の死後は誰にも迷惑をかけないように，それまで以上に健康によいとされることは何でも試していました。

しかし，それが熱中症を招いてしまったのです。減塩食，少なすぎる食事量が原因の食事からとれる水分の不足，安眠のための水分制限，体を冷やさないようにとエアコンの使用も控えていたことが原因でした。現在，健康寿命をどのように伸ばすか，さまざまな取り組みが各地で行われています。週刊誌やテレビでも，健康についての特集が組まれ，健康によいとされる食などの情報もあふれています。それらの情報（主に健康な成人，中年を対象にしていることが多く，高齢者を対象としていないことがある）を受け，健康でいたいがために誤った食生活，生活環境をつくり出してしまう場合もあります。紹介した事例からも，その人の価値観，それまでの生活背景，性格，生活環境を考慮することはもとより，アセスメントを進めるためには，食に関しての基礎知識が重要であることがわかります。基礎的な知識があるからこそ，個別性に対応した支援が考えられるのです。

ワークシート ● 食生活調査と健康づくり

作業

① 私たちの健康は食事の栄養面以外にも規律面や嗜好面，衛生面によって，さまざまな影響を受けています。日頃の食生活と健康について，Ⓐ生活面，Ⓑ栄養面，Ⓒ衛生面，Ⓓ嗜好面に関する下の問いに答えて，自分自身の状態をチェックしてみましょう。

分類	番号	内容	Ⅰ（0点）	Ⅱ（1点）	Ⅲ（2点）	点数
Ⓐ生活面	1	食事の時間はいつも決まっていますか	決まっていない	時々不規則になる	いつもほぼ同じ	
	2	食事の量（適量）を考えていますか	考えていない	時々考える	いつも考えている	
	3	食事と休養，活動のバランスがとれていますか	とれていない	時々とれる	ほぼとれている	
	4	食欲がありますか	いつもない	時々ない	いつもある	
Ⓑ栄養面	5	食事のときに，食品の組み合わせについて考えますか	考えない	時々考える	考える	
	6	ふだん欠食することがありますか	ほぼ毎日している	週2，3回する	ほとんどしない	
	7	色の薄い野菜や果物類を毎食食べますか	ほとんど食べない	1日1，2回食べる	ほぼ毎食，食べる	
	8	にんじん，ほうれんそうなどの緑黄色野菜を食べますか	ほとんど食べない	週3，4回食べる	ほぼ毎日食べる	
	9	肉，魚，卵，豆・豆製品などを食べていますか	ほとんど食べない	1日1，2回食べる	ほぼ毎食，食べる	
	10	牛乳やヨーグルト，チーズなどの乳製品を食べていますか	ほとんど食べない	週3，4回食べる	ほぼ毎日食べる	
	11	わかめ，のりなどの海藻類を食べていますか	ほとんど食べない	時々食べる	ほぼ毎日食べる	
	12	ラーメン，パンだけというような主食中心の食事をしていませんか	毎日している	週3，4回する	ほとんどしない	
	13	外食や中食（市販のお弁当などの利用）を週に何回していますか	ほぼ毎日	週3，4回	週2回以下	
	14	料理の味付けは市販のものに比べてどうですか	濃いほう	同じ	薄いほう	
Ⓒ衛生面	15	食品の鮮度や消費期限，賞味期限に気をつけますか	気をつけない	時々気をつける	いつも気をつける	
	16	調理や食事の前に，手洗い等をしますか	しない	時々する	いつもしている	
	17	調理や食事の際，食中毒に気をつけていますか	ほとんど気にしない	時々気をつける	いつも気をつけている	
Ⓓ嗜好面	18	お菓子やジュースなどの間食を食べますか	毎日食べる	時々食べる	ほとんど食べない	
	19	タバコを吸いますか	毎日吸う	時々吸う	吸わない	
	20	お酒をビール大瓶1本または日本酒1合以上飲みますか	毎日飲む	時々飲む	飲まない	

出典）田﨑裕美・中川英子編：『介護福祉のための家政学』，建帛社，p.81（2004）より改変

② 分類ごとに点数を計算し，あなたの食生活と健康の問題点をあげてみましょう。また，その改善方法について考えてみましょう。

	点数	問題点	改善方法
Ⓐ生活面	/8		
Ⓑ栄養面	/20		
Ⓒ衛生面	/6		
Ⓓ嗜好面	/6		
合計	/40		

7. 献立作成

(1) 献立作成の基本

　これまで学んできた栄養や食品に関する知識を生かして，栄養バランスのよい献立を作成する方法について考えていきたい。献立作成の主な条件として，5項目（図2-10）があげられる。また，献立作成の手順は，図2-10に示すとおりである。

① 家族構成などに基づき，各食品の摂取目安量を考える。

　性別・年齢別，身体活動レベル別に定められた1日の食品群別摂取量（表2-13）を目安として，多様な食品を使う。子どもがいる家庭と，成人のみの家庭では好む料理や食事摂取基準が異なるため，できるだけ多くの食品を使用し，過不足なく栄養を摂取できるようにする（表2-14）。

② 料理の組み合わせを考える。

　一汁二菜，一汁三菜などの献立の基本を考慮して，主食・主菜・副菜・汁物等を決める。その際，主菜と副菜の両方が炒め物など，似たような料理の構成は避け，料理の種類に幅をもたせるように配慮する。また，2種類以上の料理を同時に作ることが多いため，限られた時間で料理を完成させるようにする。

③ 調理時間，調理設備・器具に基づき，調理の合理的な手順を考える。

　例えば，調理時間が少ない場合は煮込み料理など時間や手間のかかる料理を避ける。

図2-10　献立作成の手順

表2-13　4つの食品群の年齢別・性別の食品構成（身体活動レベルⅡ）

（1人1日あたりの重量＝g）

年齢	性別	第1群 乳・乳製品	卵	第2群 魚介・肉	豆・豆製品	第3群 野菜	芋	果物	第4群 穀類	油脂	砂糖
1～2歳	男性	250	30	50	40	180	50	100	110	5	3
	女性	250	30	50	40	180	50	100	100	5	3
3～5歳	男性	250	30	50	60	240	50	150	160	10	5
	女性	250	30	50	60	240	50	150	150	10	5
18～29歳	男性	300	50	180	80	350	100	200	390	30	10
	女性	250	50	120	80	350	100	200	290	15	10
50～64歳	男性	250	50	180	80	350	100	200	390	25	10
	女性	250	50	120	80	350	100	200	280	15	10
65～74歳	男性	250	50	170	80	350	100	200	360	20	10
	女性	250	50	120	80	350	100	200	250	15	10
75歳以上	男性	250	50	150	80	350	100	200	310	15	10
	女性	250	50	100	80	350	100	200	210	15	10

注）　1：野菜はきのこ，海藻を含む。また，野菜の1/3以上は緑黄色野菜でとることとする。
　　2：エネルギー量は，「日本人の食事摂取基準（2020年版）」の参考表・推定エネルギー必要量の93～97％の割合で構成してある。各人の必要に応じて適宜調整すること。
　　3：食品構成は「日本食品標準成分表2015年版（七訂）」で計算。
出典）香川明夫監修：「4つの食品群の年齢別・性別・身体活動レベル別食品構成（1人1日あたりの重量＝g）」を参考に作成

表2-14　主な食品の重量目安量

食品	目安量	重量（g）	食品	目安量	重量（g）
米飯（精白米）	茶碗1杯	100～200	みかん	中1個	80
うどん（ゆで）	1玉	200～260	バナナ	中1本	150
食パン6枚切り	1枚	60	ほうれんそう	1把	300
ロールパン	1個	30	キャベツ	中1個	1,200
鶏卵	1個	50～60	かぼちゃ	中1個	800
あじ	中1本	120	じゃがいも	中1個	100
魚切り身	1切れ	80～100	さつまいも	中1個	250
いか	1ぱい	300	にんじん	中1本	200
あさり	むき身10個	30	なす	中1本	130
大正えび	中1尾	60	ピーマン	中1個	30～40
鶏ささみ	1本	40	きゅうり	中1本	100
鶏もも肉	骨付き1本	250～300	トマト	中1個	150
豆腐	1丁	300	たまねぎ	中1個	200～250
油揚げ	1枚	15～30	根深ねぎ	中1本	100
こんにゃく	1枚	250	生しいたけ	中1個	10～20
りんご	中1個	250	乾しいたけ	中1個	2

④　予算を生かすように，魚介類，野菜，果物などは栄養価も高く，安価な季節の旬の食材を使う。

表2-15 高齢者の疾病とコントロール食への対応

コントロールの内容	エネルギー	脂質	たんぱく質	塩分(Na)	食物繊維
低栄養状態	適正量まで増	摂取量の増	良質, 高たんぱく質の増		
高血圧症		質のバランス		減	推奨
糖尿病	適正量まで減				推奨
脂質異常症		減と質のバランス			
心疾患	適正量まで減	適正量まで減		減	推奨
腎疾患	適正量を維持	適正量を維持	適正量まで減	減	

注：1．食物繊維は1,000kcal当たり10gが適正量であり，推奨はそれ以上の摂取を指す。
　　2．ビタミンとミネラルの摂取では，骨粗鬆症がカルシウムとビタミンD，貧血症では鉄とビタミンCなどがある。
　　3．　　　であっても，配慮する必要がないというのではなく，食事摂取基準を参考に考え，適正量を摂取することを指し，肥満のある場合（BMI≧25）は適正体重になることを目標にエネルギー減になることも示す。
出典）水野三千代：『生活支援のための調理実習 第2版』（田﨑裕美・中川英子編著），建帛社, p.91（2014）

（2） 生活習慣病と献立作成

1）生活習慣病とコントロール食への対応

中高年期に入ると，一般に，高血圧症，糖尿病などの生活習慣病罹患率が高くなる。複数の疾病がある場合も多くなるため，予防や食事療法をふまえて，献立作成を行うことになる。表2-15は「主な生活習慣病と各コントロール食への対応」をまとめたものである。コントロールするのは，エネルギー，脂質，たんぱく質，食塩の4項目で，方法は量を増減したり，質のバランスを整えることである。

2）生活習慣病と食生活

生活習慣病とは，食生活，運動習慣，休養，喫煙，飲酒等の生活習慣が，その発症・進行に関与する疾患群をいい，脳血管疾患・心疾患の危険因子となる高血圧症，糖尿病，脂質異常症などがある。65歳以上の高齢者の罹病率（2013年発表）は高血圧症が35％，糖尿病が27％と高率であり，介護が必要となった高齢者は複数の疾病を抱えている場合が多いことから，生活習慣病と食生活での対応について，理解を深めたい。

① 高血圧症と献立作成

動脈に高い血圧（血管の中を流れる血液が血管壁に与える圧力）がかかる疾病である。予防・治療のための食生活のポイントとして，①適正なエネルギーの摂取による肥満解消，②食塩の制限（治療の場合は6g/日未満。日本人の平均の1/2である），②適量の飲酒（1日ビール大瓶1本，日本酒1合程度），③余分な塩分（ナトリウム）を尿中に排泄し，血圧を下げるのにカリウム（新鮮な野菜，果物に多く含まれる）は効果があるので十分にとる，ことなどがあげられる。

② 肥満と献立作成

体全体に占める体脂肪率が高い状態をいい，日本肥満学会ではBMI（body mass index, 体重kg/身長m^2）で算定し，18.5～25未満を標準体重，25以上を肥満としている。肥満の原因は，総じて摂取エネルギーが消費エネルギーを上回ることであり，余分なエネルギーが脂肪として蓄えられるために体脂肪率が上がる。肥満だけであれば疾病とはいえないが，肥満は高血圧症，糖尿病，脂質異常症など生活習慣病の発症と大きくかかわることか

表2-16　糖尿病の単位配分例（炭水化物55%）

指示エネルギー(kcal)	指示単位	表1（穀類）	表2（果物）	表3（肉・魚・卵・大豆製品）	表4（乳製品）	表5（油脂類）	表6（野菜類）	調味料
1,200	15	6	1	3.5	1.5	1	1.2	0.8
1,440	18	8	1	4.5	1.5	1	1.2	0.8
1,600	20	9	1	5	1.5	1.5	1.2	0.8

出典）日本糖尿病学会編著：『糖尿病食事療法のための食品交換表 第7版』，日本糖尿病学会・文光堂，p.30-31（2013）を改変

ら，適切なエネルギー摂取量を理解したうえで，食生活について検討することが重要となる。

③ 糖尿病と献立作成

血液中に含まれる血糖（食物が消化されて作られるブドウ糖）値が異常に高くなる代謝障害による疾病であり，高血糖の状態が続いた結果，合併症として網膜や腎臓，神経など全身のさまざまな組織や機能に障がいが起きる。糖尿病には1型糖尿病，2型糖尿病，他の原因の糖尿病の種類がある中，生活習慣が原因でなるのは2型で，日本人の糖尿病患者の95%以上を占めている。血糖値が高くなる要因には，過食によるエネルギーの過剰摂取，肥満，運動不足，遺伝的要因，妊娠，飲酒があり，これらの要因が多いほど糖尿病になる危険率が高くなる。糖尿病の予防・治療では食事療法が不可欠である。

糖尿病の食事療法では，「何を」「どれだけ」食べてよいかを1単位80kcalとして，表2-16のように食品を配分する。これを3食（間食も加える場合がある）に分け，血糖の急激な変化を防ぐために1食にエネルギーが偏らないようにする。「糖尿病食事療法のための食品交換表」が用いられることが多い。食品交換表は，単位配分表のそれぞれに属する食品の1単位分の重さが収載されている。食事療法の開始時には調理時に使いたい食品の重さを量り，それがどの表の何単位に相当するかを確認する必要がある。この表は同じ表内であれば，別の食品に交換することができる。食事に占める炭水化物の割合は50〜60%を推奨されており，合併症，肥満度，嗜好等により主治医が選択する。

食生活のポイントは，①身体活動量等に合わせた適正なエネルギー摂取量を守ること，②栄養素のバランスがよいことである。

④ 骨粗鬆症と献立作成

骨密度が低下し，骨の内部が空洞状態になり骨折しやすくなる疾患である。食生活のポイントとしては，①カルシウムを多く含む，乳・乳製品，豆・豆製品，緑黄色野菜などの摂取量を増やす（治療の場合は700〜800mg/日），②少食になるが，たんぱく質を多く含む食品をとりたんぱく質の摂取量を下げない，③ビタミンKを多く含む納豆，緑黄色野菜などをとる，ことである。また，食生活とともに，禁煙，運動，日光を浴びることでビタミンDを生成することなども必要である。

⑤ 脂質異常症と献立作成

血液中の脂質のLDL（悪玉）コレステロールや中性脂肪過剰，もしくはHDL（善玉）コ

レステロールが不足の疾患である。予防・治療の食生活のポイントとして以下があげられる。①適正なエネルギーの摂取により脂肪の増加を防ぐ。②脂質の量と質を改善する。植物油，魚油，オリーブ油はLDLコレステロールを低くし，魚を除く動物性脂肪はLDLコレステロールを高くすることを理解したうえで，油料理を減らす。高コレステロール血症ではコレステロール含有量の多い食品（魚卵，鶏卵，レバー，小魚など）の摂取頻度，1回の摂取量を減らす。③肉より魚，大豆および大豆製品を増やす。肉をとるときは脂肪の少ない部位を選ぶ。④食物繊維を多く含む野菜，きのこ，海藻などを十分にとる。

⑥ 高尿酸血症・痛風と献立作成

尿酸はプリン体からつくられるため，献立作成のポイントとして，①プリン体摂取量を1日400mg未満にする，②摂取エネルギー量を適正化し，肥満を解消する，③飲酒は適量にする，④合併症として尿路結石や腎障害を予防するため，糖分の少ない水・お茶を1日2リットルとる，⑤尿酸値を低下させる乳製品をとるなどがあげられる。

⑦ 悪性腫瘍（がん）と献立作成

がんの発症には，生活習慣やストレス，遺伝的要因などが関係している。生活習慣や食生活を見直したり，効果的な予防対策を実施すれば，発生率と死亡率は確実に下がると考えられている。

がん研究振興財団が公開している「がんを防ぐための新12か条」では，食生活に関するポイントとして，①お酒はほどほどに，②バランスのとれた食生活を，③塩辛い食品は控えめに，④野菜や果物は不足にならないように，⑤適切な体重維持の5つをあげている。この12か条は，国立がん研究センターが日本人を対象とした疫学調査や科学的な研究の成果をもとにまとめたものであり，がん予防のみならず，広く生活習慣病の予防にも効果が期待できる。

なお，服薬や放射線治療の期間は，体力を維持し，感染症等を防ぐために栄養バランスのよい食事をとること，体調に合わせて，食べられるものを少量ずつ，何回かに分けてとることが大切になる（詳細は，国立がん研究センターがん対策情報センターのWebサイトを参照のこと）。

⑧ 嚥下や咀嚼などの摂食機能障害と献立作成

献立作成では，①誤嚥しやすい食品（パン，のり，さつまいもなど）の調理法を工夫し，咀嚼しやすい食品や軟菜調理法（煮物など）を用いる，②食材や料理に切り込み（隠し包丁など）を入れて食べやすくする，③食品が軟らかくなるように調理する（軟菜），ことなどがポイントとしてあげられる。病院や介護現場での献立の食事形態は，普通食と疾病や障がいなどに合わせた特別食がある（コラム参照）。

コラム 手術前後の病院での食事と体調管理

病院や介護現場での献立の食事形態には、普通食（常食）と疾病や障がい等に合わせた特別食があります。実習生の小林由紀さんは、初めての実習で、患者さんの配膳を行いながら、病状や障がい、手術前後等によって、図のようにいろいろな調理形態や献立があることを知りました。

高齢で、咀嚼や嚥下がやや困難な山田花子さんの食事には、「五分粥（100g）、主菜・副菜：ソフト（とろみ）食」という説明書きがありました。

手術前後でも食事は変わります。婦人科手術前日の、藤ゆき子さんには、昼食には「食パン、いちごジャム、コンソメスープ具なし、ヨーグルト、にんじんジュース」、夕食は「そうめんとめんつゆ、絹ごし豆腐、りんごジュース」が配膳されていました。

「造影検査食」と書かれたメモがあり、手術前に腸内の食物残渣が残らないように、考えられた食事なんだなとわかりました。

消化器系手術では、術後に静脈栄養から、回復に応じて、徐々に流動食、五分粥になる過程もわかりました（例：胆石症 胆のう摘出手術後2日間は静脈栄養、3日目から五分粥）。食後に、体温等の体調とともに、食事の摂取状況を確認する際、患者さんが口から、食事をとれるようになると、だんだん元気になる様子をみることができました。実習生の小林さんは、医療現場での食事の大切さを改めて感じました。

米飯の種類（左：全粥　右：五分粥）

副菜の種類（左：常食　下：ソフト食　右：きざみ食）

手術前日の食事例（左：昼食　右：夕食）

8. 調　　理

（１）調理と調理法

　　調理とは，「食品を安全で衛生的なものにし，消化しやすくおいしく食べるために行う操作」であり，切る，加熱するなどの調理操作だけではなく，献立作成，準備から片づけまでの過程からなる。調理操作は，非加熱操作と加熱操作に大別できる（表2-17）。
　　調理効果として，非加熱操作では，野菜などを切ることにより表面積が大きくなることで火の通りをよくし，小さくすることで咀嚼しやすくする。加熱操作では，肉や魚などを

表2-17　非加熱操作（上）・加熱操作（下）の特徴

調理操作	特　徴	例
洗う	食品についている泥・細菌・農薬などの有害物質を除く	野菜の泥・農薬を落とす　魚のはらわたを出した後の水洗い
漬ける	調理しやすくする　食品の成分の変質を防ぐ　うま味を出す	乾物をもどす（切り干し大根など）　リンゴ・じゃがいもの褐変を防ぐ　こんぶなどのだしをとる
混ぜる	材料を均一にする　乳化させる　口ざわりを変える	小麦粉とベーキングパウダーを混ぜる　マヨネーズ　パン生地をこねる，ハンバーグ生地をこねる
切る	食べられない部分を除く　食べやすい大きさにする　見た目を良くする　表面積を大きくして熱の通りを良くする	種・皮をむく　大きさを揃える　野菜を切る（いちょう切り・小口切りなど）　野菜などの飾り切り　大根の隠し包丁・布目いかなど
おろす・する	食品の組織を均一にする　調味料を浸透しやすくする	大根をおろす　豆腐・ごまなどをすりつぶす（和え衣として使用するとき）　魚肉をすり身にする
しぼる・ふるう・こす	固形物と液体を分離する　不要な部分を分離する　ダマをなくす　成形する	豆腐の水分をしぼる　小麦粉をふるう　茶巾しぼり
冷蔵する　冷凍する	食感を向上させる　食品の品質を保持する	ゼリー・サラダなどを冷蔵する　肉類・魚類・調理済みの野菜を冷凍する
解凍する	元の食品に戻す　調理性を増す	冷凍保存していた調理済み食品を解凍する　刺身を半解凍させる（切りやすい）

調理操作		加熱方法	特　徴
煮る		煮汁の熱の対流による加熱	・加熱温度は100℃を超えない（常圧の場合）　・1回に他種類・多数の食品が調理可　・加熱中の味付け可能
蒸す		水蒸気による加熱	・加熱温度は100℃を超えない（常圧の場合）　・卵液を蒸す場合は85〜90℃に調節する　・加熱中の味付け不可
焼く	炒める・焼くなど	フライパンなどからの伝導熱・放射熱	・フライパンへの食品の付着を防ぐために油をひく　・フライパン内の食品を動かす→炒める　・加熱中の味付け可能
	オーブン加熱	空気の対流とオーブン壁からの放射，天板からの伝導	・体積の大きいものの加熱が可能　・水分の蒸発が少ない　・加熱中の味付け不可能
揚げる		油の対流による加熱	・加熱温度は160〜200℃　・1回に大量の調理ができない　・加熱中の味付け不可
電子レンジ加熱		マイクロ波照射による食品自身の発熱	・熱の効率がよく，短時間で加熱できる　・水分の蒸発が多い　・焦げ目がつかない　・加熱中の味付け不可

出典）中川英子編著：『介護福祉のための家政学』，建帛社，p.108（2004）

焼く・煮るなどして火を通すことにより，付着した微生物を死滅させ，軟らかくして咀嚼しやすくするなど，嗜好性や安全性を高める効果がある。

（2）調理の実際
1）調理の基本操作

調理の基本操作の流れは，①身支度と手洗い，②料理の計画と決定，③調理器具や材料（食品，調味料等），食器等の準備，④調理，⑤盛り付け・配膳，⑥後片づけ，である。

安全面や衛生面等への主な配慮は，①の身支度では，活動性も考え，事故を防ぐため，服装や手の爪，髪の毛，アクセサリーに気をつけ，三角巾・エプロン・手拭き用タオルの身支度をする。手洗いは，手のひらだけではなく，指の間や爪，手首などにも汚れや雑菌が繁殖しやすいことから注意して洗い，身支度後以外に，別の食品の調理に移る際にも必ず行う。手指の化膿創は食中毒の原因となることから，ビニール手袋を着用し，直接の調理は避けるようにする。③の調理器具の準備では，調理台を台布巾で拭いてから行う。②の料理の計画では，図2-11のように，効率的に調理し，食事時間の目安に適温で食べられるよう，⑤の盛り付けや配膳までの段取りを考えるなどがあげられる。

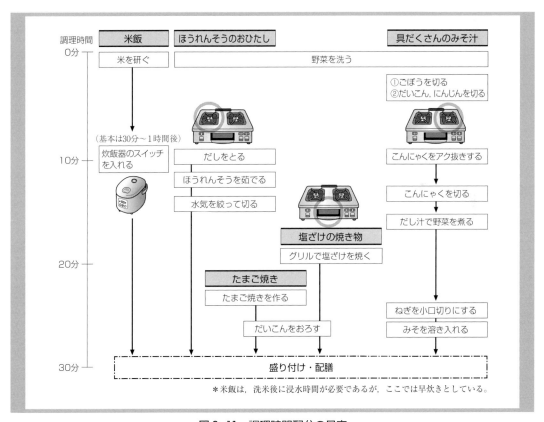

図2-11　調理時間配分の目安
出典）田﨑裕美・中川英子編著：『生活支援のための調理実習　第2版』，建帛社，p.55（2014）

2）調理の設備・器具・エネルギー源

調理設備には，厨房設備（流し台，ガスコンロ）と冷凍冷蔵庫，配膳台などがあり，作業の手順に従って配列することで，作業効率が向上する。動線に配慮したシステムキッチンが普及しているが，冷蔵庫や食器棚，配膳台などの配置も考えることで効率がよくなる。

主なエネルギー源はガスと電気で，ガスコンロ，IHクッキングヒーター，電子レンジなどがある。ガスコンロは火力の調整が容易で，慣れ親しんでいる器具であるが，火の取り扱いや換気への注意が必要である。IHクッキングヒーターは電磁調理器ともいわれ，電磁力を利用して鍋などの調理器具自体を発熱させるもので，高い熱効率が得られ，炎が出ないため引火や立ち消え，廃ガスの心配がなく，平面プレートで清掃もしやすい。使用できる鍋などの材質も鉄，ステンレスだけでなく，周波数の増加や加熱コイルの工夫によって，アルマイト，多層鍋などに対応できるようになってきている。電子レンジは真空管の一種であるマグネトロンからマイクロ波が食品に照射され，内部の水分が振動し，摩擦が起きることで発熱する調理器具である。料理の温め直し，解凍，いも類や温野菜の下ごしらえなど適した調理も多い。金属を使った食器や卵や甲殻類のように殻があるものは一工夫する必要があったり，水分の多いものは高温になりやすいなどの注意点がある。最近では，電子レンジ専用の鍋や調理器具も増えており，使用方法を守ることで，短時間で多様な調理が安全にできるため，高齢者にとって活用したい加熱調理器具である。

照明は，直接光が目に入ると白内障が進み出している人にはまぶしく感じられるため，全体照明にし，少し暗くするとよい。身体に障がいがあり立位が困難な人には，専用の椅子に座って調理作業ができたり，電動昇降式のキャビネット，スイッチで開栓できる蛇口のようなユニバーサルデザインのキッチンやさまざまな自助具が普及することで，調理活動に参加する機会が増える。

（3）料理様式とその特徴

1）日本料理

日本料理は米を主食に，野菜や魚，肉，果物などの旬の食材を使い，かつお節や昆布，煮干しなどのだし汁やしょうゆ，みそ，みりん，酒などの調味料を用いて，季節感を重視した料理である。料理法には，刺身やなます，焼き物，煮物，揚げ物，あえ物，蒸し物，漬物などがあり，食材本来の味を生かした味付けに特徴がある。

日本料理の様式には，本膳料理（正式な膳立てで一汁三菜を基本とし，三汁七菜の本膳，一の膳，二の膳がある），会席料理（本膳料理を略式化，袱紗料理ともいい，宴席で出される），懐石料理（本来は，茶会や茶席で出される簡素な料理），精進料理（仏教思想を基本とした料理で，魚介や肉類などの動物性食品を使用せず，植物性食品のみを使用する）などがある。

料理の盛り付け方の基本は，ゆとりのある器に，中心を決めて，彩りを考えながら，山と谷を作るようにする（山水の法則）。さらに，①魚料理では，一尾の魚は，腹を手前にし

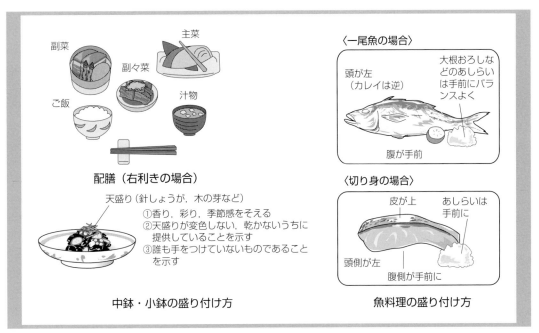

図2-12 和食の配膳例
出典）田﨑裕美・中川英子編著：『生活支援のための調理実習 第2版』, 建帛社, p.36（2014）

て，頭を左側にし（頭左），手前にあしらい（大根おろしなど）を添える。切り身魚では，皮や背を奥に盛り付ける，②煮物では，汁けがあるので，鉢に食材の配色を考え，中心を高くし，ふちにつかない程度の量を盛り付ける，などのコツがある。また，配膳では，図2-12のように，手前左に飯椀，手前右に汁物，主菜は向こう右側，副菜は向こう左側，箸は手前が基本となる。

2）洋食（西洋料理）

洋食（西洋料理）とは，ヨーロッパ，アメリカなどの西洋諸国において発達した料理をいう。日本では，明治時代以降，欧米より，さまざまな料理が伝わってきたが，日本人に合うようアレンジされ，定着してきた。洋食の特徴としては，主食のパンやパスタなどに小麦粉を用い，バターや植物油などの油脂を調理や味付けに多く用いることなどがあげられる。料理の種類は，スープや肉料理，魚料理，デザートなどがあり，野菜料理はサラダや添え物として用いられる。図2-13は盛り付け・配膳の基本である。

3）中華料理（中国料理）

中国の地域性による食材や味付けなどの違いから，北京料理，四川料理，上海料理，広東料理などがあり，日本の代表的な中華料理となっている。料理法は多彩であるが，調理器具が少ないこと，オイスターソースや豆板醤，甜麺醤，コチジャンなど独特の調味料を用いることなども特徴である。医食同源の考え方のもと，酢豚や八宝菜などのように，肉類や魚介類に野菜類を多く取り混ぜた，栄養バランスのよい料理や，中国伝統の医学にもとづき作られた薬膳がある。図2-14は盛り付け・配膳の基本である。

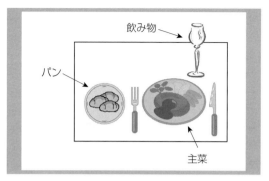
図2-13　洋食の配膳

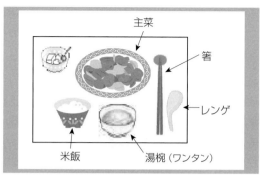
図2-14　中華料理の配膳

コラム　ターミナルケアと食事

　終末期（ターミナル期）のケアでは，食欲不振がみられることを自然のこととしてとらえた援助をすることが大切です。
　そのためには食事のポイントとして，①好みや食事に対する思いを聞き，対応する（思い出の料理など）。ただし，食事が食べられなくなってから聞くのでなく，その前に，日々の会話の中で聞いておくことが大切である，②栄養より，嗜好に合った食事，好きな味付けで少しでも食べる喜びが味わえるようにする。仮に食べられなくともその料理の形，香りから楽しめることがある，③季節のもの（旬のもの）を取り入れ，少量を器の色なども考えて彩りよく盛り付ける。においは嘔気・嘔吐を誘発しやすいので，料理のにおいが強くないものにする。闘病生活が長くなるほど季節感が薄れやすい中，季節を感じられることは喜びにつながる，④家族とともに食べられる場合は，同じ料理で食形態を工夫し，共に食べる喜びを感じていただく。のちに残された家族にとっても一緒に食べた思い出はかけがえのないものになる，⑤最後のワンスプーンまで食事を通して，生きる喜びを感じていただく，ことなどがあります。

8. 調　理　97

ワークシート ● *朝食と体調の関係について考えてみよう*

〈事例〉
　中学生の古谷一君は，最近，家庭の事情で児童福祉施設に入所しました。実習生の川本博さんは，古谷君が以前から「食欲がなくて，朝食をほとんど食べられない。午前の授業がだるくなって，勉強に集中できない」という話を聞いていました。

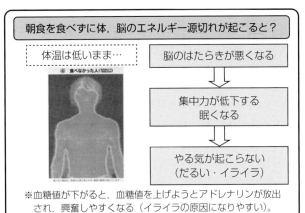

朝食を食べずに体，脳のエネルギー源切れが起こると？

体温は低いまま… → 脳のはたらきが悪くなる
↓
集中力が低下する
眠くなる
↓
やる気が起こらない
（だるい・イライラ）

※血糖値が下がると，血糖値を上げようとアドレナリンが放出され，興奮しやすくなる（イライラの原因になりやすい）。

川本さんの立場になって，古谷君に体の不調と朝食の関係について，説明してみましょう。

作業1
脳（神経系）のエネルギー源になる栄養素は何ですか。＿＿＿＿＿＿＿＿＿＿＿＿＿＿＿＿＿＿＿＿＿＿

作業2
朝食を食べないと，体はどのようになるのか，図を使って説明しましょう。

＿＿
＿＿
＿＿
＿＿
＿＿

【引用文献】
1) 江原絢子：「第8章 食文化・食習慣概念」（日本家政学会編『新版 家政学辞典』），朝倉書店，p.479（2004）

【参考文献】
・中川英子編著：『介護福祉のための家政学』，建帛社（2005）
・中川英子編著：『福祉のための家政学』，建帛社（2010）
・田﨑裕美・中川英子編著：『生活支援のための家政学 第2版』，建帛社（2014）
・日本介護福祉学会事典編纂委員会編：『介護福祉学事典』，ミネルヴァ書房（2014）
・中央法規出版編集部編：『七訂 介護福祉用語辞典』，中央法規出版（2015）
・香川芳子監修：『七訂 食品成分表2016—文部科学省 日本食品標準成分表2015年版（七訂）準拠—』，女子栄養大学出版部（2016）
・FLネットワーク協会編：『改訂版 食生活アドバイザー 2級公式テキスト』，日本能率協会マネジメントセンター（2016）
・FLネットワーク協会編：『改訂版 食生活アドバイザー 3級公式テキスト』，日本能率協会マネジメントセンター（2016）
・香川芳子監修：『家庭料理技能検定テキスト』，女子栄養大学出版部（2016）
・日本糖尿病学会編著：『糖尿病食事療法のための食品交換表 第7版』，文光堂（2013）
・農林水産省：「食事バランスガイドについて」，http://www.maff.go.jp/j/balance_guide/
・川村佐和子・後藤真澄・中川英子ほか編著：『介護福祉士養成テキスト11 生活支援技術Ⅳ—自立に向けた食事・調理・睡眠・排泄の支援と終末期の支援—』，建帛社（2009）
・柴田範子編：『介護福祉士養成テキストブック 生活支援技術Ⅱ』，建帛社（2009）
・小川雄二編著：『子どもの食と栄養演習 第3版』，建帛社（2016）
・中村丁次監修：『栄養の基本がわかる図解事典』，成美堂出版（2015）
・介護福祉士養成講座編集委員会編：『新・介護福祉士養成講座6 生活支援技術Ⅰ 第4版』，中央法規出版（2016）
・川端晶子・佐原眞・村山篤子ほか：『改訂 食生活論』，建帛社（2000）
・池本真二・稲山貴代編著『食事と健康の科学 第3版—食べること〈食育〉を考える—』，建帛社（2010）
・日本成人病予防協会編『健康管理士一般指導員テキスト4 生活を守る栄養学』，日本医協学院（2014）
・新食品成分表編集委員会編，『新食品成分表2009』，一橋出版（2009）
・国立がん研究センターがん対策情報センター「がん情報サービス」https://ganjoho.jp/

Ⅲ．被服生活

1．被服の役割と機能
2．被服の素材
3．被服の選択
4．下着・寝具・靴
5．被服の管理①［品質表示・洗濯］
6．被服の管理②［シミ抜き・漂白・収納・保管］
7．縫製の基礎と被服の修繕

1. 被服の役割と機能

（1）「被服」「衣服」「服飾」「服装」とは

　「被服」は，人体の体幹部はもとより，頭部・手足を被覆する帽子，履き物から，その着装に用いる付属品，それを構成する装飾物に至るまでのすべてを含む語である。JISでは，「人体を覆う目的で着用するもののすべての総称」としている。「衣服」は，人体体幹部の被服物を指す言葉として取り扱われる。「服飾」は，被服（衣服，帽子，履き物）を含め，鞄や装身具など身を装うためのものである。被服や服飾品は，生活するための「もの」ということができる。「服装」は，被服が人間に着装された状態をいい，被服とその着装法も含まれる。生活用品の一種である被服が，意識されて人間に着られ，着装者の人格を表示し，これを他人が認めるとき，初めて服装として取り扱われることになる。

　被服生活は，日常身につけるものだけでなく，繊維，布で作られる寝具やインテリア用品なども対象に含まれる。豊かな被服生活を営むためには，着用する衣服や服飾品だけではなく，寝具類の選択や維持・管理等の知識や技術が必要になる。

（2）被服着用の目的

　私たちは，普段何気なく被服を着用しているが，被服には役割があり，その機能を果たしている。表3-1に，被服の役割と機能を示す。機能は，生理的機能と心理的・社会的機能に大別される。生理的機能では，衣服を「第二の皮膚」と考え，主に人体の健康面に主眼を置いた実用的な役割があり，人体の一部ともいえる。人間の生理機能は，年齢，性別，活動状況，疾病等により異なるが，被服はおのおのの条件に応じたもので，かつ，着

表3-1　被服着用の役割と機能

分類	種類	内容	例	
生理的機能	①身体保護機能	外界の寒暑風雨や紫外線，汚物・昆虫や微生物，事故などによる外傷から身体を守る。	衣服全般 紫外線防止用服	人体の一部
	②体温調節機能	衣服内気候を快適な状態に保つ。	衣服全般，防寒具など	
	③衛生保持機能	身体からの汚れを付着・吸収する。外界からの汚れが身体に付着するのを防ぐ。	下着類	
	④活動性向上機能	作業やスポーツ時の活動を促進・補助する。	作業着，スポーツ・ウェアなど	
心理的・社会的機能	⑤情報伝達機能	社会的地位，品格，生活態度等の推測，冠婚葬祭等で感情を表現する。	フォーマル・ウェアなど	人間の一部
	⑥帰属表示機能	所属する教育機関や企業，職業等の表現手段となる。帰属意識を高める効果もある。	制服	
	⑦自己の確認機能	自分らしさを表現する。	日常着，外出着	
	⑧自己の強化・変容	自分への自信，違う自分への発見等につながる。	流行服，扮装服など	

用者の特性を踏まえたものを選択する必要がある。

　一方，心理的・社会的機能における被服の役割は，服装から着用者の社会的地位，職業，性格や人柄等を推測することができる。着用者自身にとっては，自己表現のツールにもなり，人間の一部として個性的機能ともいえる。心身ともに健康な社会生活を営むためには，被服生活は大切なものである。

（3）環境温度と衣服内気候

　衣服の快適さを左右する主な要因には，①衣服内気候，②肌触り，③衣服圧，④運動機能性，⑤清潔，⑥安全性，などがある。

　人が裸でいて快適と感じる気温は，28～32℃であるといわれている。衣服の着用により生じる皮膚と衣服との間のごく狭い空間に形成される温度・湿度と気流の状態を，衣服内気候という。快適であると感じる衣服内気候は，温度32±1℃，湿度50±10％，気流25±15cm/secとされている。

　人は気温が高いと発汗して放熱する。また，気道や皮膚から蒸散する水分を不感蒸泄という。衣服着用時に，発汗や不感蒸泄により感じる「蒸れ感」は，熱と水分の移動条件により異なる。図3-1に，衣服内気候と熱と水分の移動モデルを示す。快適な場合は，放熱と水分の放出がスムーズに行われるが，不快と感じるモデルではうまく放熱されない。衣服素材の吸湿性，透湿性および通気性のよいものが望まれる。

　気温が低いときには，熱伝導率の小さい「空気」を上手に着ることが大切である。厚さが同じ場合，厚手の服を着用するよりも，薄手の服を重ねて着用したほうが空気量が多くなり温かい。肌着は肌触りのよい柔らかいもの，中層に最も保温性の高いもの，外側に防風・防水性の高いものを着ると温かさが保たれる。

　また，被覆面積や開口部（衿ぐり，袖口，ズボン裾口など）の状態も衣服内気候に影響を与える。皮膚への圧迫（衣服圧）も動作を妨げ，血流を阻止してしまう。外気温の変化に対して，衣服の素材やデザインの選択，重ね着などの着装法を変えて，衣服内気候を快適な状態に維持することが大切である。

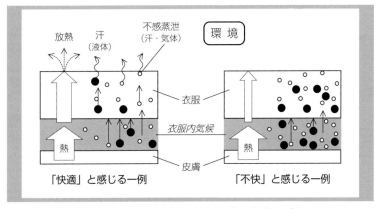

図3-1　衣服内気候と熱と水分の移動モデル

（4）服装のTPO

　人間の生活は，さまざまな社会規範のもとで営まれる。社会規範には，法律，ルール，慣習，マナーなどがある。服装における社会規範は服装規範といわれる。現代の日本は洋装が定着しているが，和装も伝統として残っている。着装法として，TPO（time（時），place（場所），occasion（場合））が，1964年に石津謙介氏によって提唱された。日本フォーマル協会が1976年に発足し，フォーマル・ウェアの総合チャートを制定している。以後，これをもとに，冠婚葬祭を含めた場面ごとの服種と着装法が，売り場やエチケット本の中で紹介されている。表3-2に，TPOと衣服の種類を示す。「服育」として，どの年代も実践が望まれている。

表3-2　TPOと衣服の種類

	フォーマル・ウェア			
場面	格式の高い結婚式，披露宴，祝賀会，式典，晩さん会，葬式等 一般的な日本の生活の中では，冠婚葬祭にあたる場面 フォーマル・ウェアには，着装法にさまざまな決まりごとがある。			
服種		昼	夜	和服（昼夜共通）
	男	モーニングコート	イブニングコート，タキシード	紋服，喪服
	女	アフタヌーンドレス	イブニングドレス，ディナードレス	留袖，振袖，喪服
	セミフォーマル・ウェア			
場面	結婚式，披露宴，記念式典，入学式，卒業式，七五三，成人式，入社式等 フォーマルよりラフなもの。流行などを取り入れることができるが，格式が要求される。			
服種		昼	夜	昼夜共通
	男	ディレクターズスーツ	タキシード	ブラックスーツ
	女	セミアフタヌーンドレス	セミイブニングドレス カクテルドレス	訪問着
	ビジネス・ウェア	ソーシャル・ウェア	プライベート・ウェア	スポーツ・ウェア
場面	通勤，事務，作業，会議，接客，出張等 業務内容に機能・安全・衛生面で適合し，職場の雰囲気に合うものを着用する。	同窓会，音楽会，訪問，ホームパーティ等 出席する会の目的や出席者に合わせて選択する。	通学，買い物，ドライブ，旅行，外食等 一般的な外出着を着用する。	テニス，スキー，水泳，ゴルフ，登山，ダンス，サイクリング等 各スポーツに合わせて，機能・安全面から設計される。
服種	スーツ，ジャケット，シャツ，ブラウス，コート類，パンツ，スカート等の組み合わせ，業種により，ユニフォームを着用する。	服種はほぼビジネス・ウェアと同じ。ややカジュアル性があっても可。流行，個性を取り入れるとよい。	セーター，ブラウス，Tシャツ，スカート，パンツ，ジーンズ，ジャンパー等の組み合わせ。カジュアルなもの	各スポーツに合わせて開発されたスポーツ・ウェア
	ホーム・ウェア			
場面	くつろぎ，近所への買い物，散歩，園芸，家事，睡眠等 家庭を中心に，家事を合理的に行ったり，リラックスするための衣服			
服種	ホーム・ウェア，ワンマイル・ウェア，エプロン，作業着，寝間着等			

ワークシート ● 衣料の安全性について考えよう

被服には目的に合わせた性能が求められます。特に、子どもや障がい者、身体機能の低下した高齢者には、安全な衣料が不可欠です。子ども用衣料に付属するひもによる事故でけがや死亡者が出ていたことから、海外では、1996年のアメリカを最初として、子ども服につけられるひもに関して規定が設けられてきました。

日本でも検討が進められ、2015年12月21日に、「JIS L4129（よいふく）子ども用衣料の安全性～子ども用衣料に附属するひもの要求事項」が制定公示されました。アパレルメーカーは、この内容に基づいてひもつきの服をデザインし、製作しています。

作業 1
衣料の安全性について、次の点について調べてみましょう。
① 海外や日本で起きた子ども服に関する事故について。

---

② 子ども用衣料の安全性（JIS L4129）に関する公開資料が配信されていますが、その具体的な内容について。

作業 2
上記①、②を通して、自分自身の安全な被服生活、および福祉職として子どもや障がい者、高齢者の被服生活の自立支援をするための留意点をまとめてみましょう。

コラム　高齢者・障がい者のお化粧、ファッションショー

人間にとり、高齢となっても、障がいをもっても美しくありたいとの要望は高く、生き生きと毎日を過ごすために、お化粧やファッションに心理的効果があることが実証され、「美容福祉学」が注目されています。一般市民によるシニアのファッションショーは、1995年に起きた阪神・淡路大震災により閉じこもりがちな高齢者の外出機会を増やそうと、2005年、神戸で始められています。現在では、モデルとして参加する高齢者と見学者の両者が元気になるとのことで、各地で開催されています。

福祉施設でも入所者のお化粧やファッションショーを実施する施設が増えています。モデルとして参加された方からは、「楽しかった」、職員や家族の方からは、「生活にハリが出てきたように見える」との声が聞かれています。また、ボランティアとして参加した学生からは、福祉専門職として、美容福祉に関する知識が利用者のQOLを高めることに役立つことを実感しました、と感想が寄せられていました。

福祉施設におけるファッションショー

（宇都宮短期大学地域福祉開発センター，2014）

2. 被服の素材

（1）被服素材の種類

1）繊維の種類

　衣料用として最も多用されるのは，繊維を原料として作られた素材であるといわれている。繊維とは「細くて長い」という定義があるが，衣料用繊維は太さが15～30nm，長さは2cm程度以上あるものをいう。多くは，天然繊維（自然界から得られ，繊維の形態をもつもの）と化学繊維（人工的に繊維の形態に作られたもの）に大別される。表3-3に代表的な繊

表3-3　繊維の種類と性能

区分		繊維名	原料	耐熱性	燃焼性	吸水性	利点	欠点	用途
天然繊維	植物繊維（セルロース系）	綿	綿（種子毛）	◎	縮れながら燃える（セルロース系は紙，たんぱく質系は肉の燃えるにおい）	◎	通気性，耐久性が高い。洗濯が容易。	しわになりやすく，縮みやすい。	肌着，タオル，一般衣料，ハンカチ，浴衣
		麻	亜麻，苧麻等（靭皮）	◎		◎	水分の発散性に優れ，シャリ感がある。通気性がよい。	しわになりやすい。摩擦でけば立つ。	夏物衣類，ハンカチ，テーブルクロス，高級和服地
	動物繊維（たんぱく質系）	絹	蚕（繭）	△		◎	保温性に優れている。肌触りがよい。	シミになりやすい。薬品などに弱く，日光で黄変する。虫害にあいやすい。	和服，ネクタイ，ブラウス，スカーフ，高級衣料
		毛	羊（体毛）	△		◎	保温性に優れ，しわになりにくい。	熱に弱く，縮みやすい。白物は日光で黄変することもある。虫害にあいやすい。	防寒衣料，スーツ地，カーペット，毛糸
化学繊維	再生繊維	レーヨン	木材パルプ	△		◎	肌触りがよい。発色性，吸湿性がよい。	しわができやすく，湿潤強度が低い。	下着，寝具，裏地，カーテン
		テンセル		△		◎	レーヨンより水に強い。染色加工しやすい。	ぬれると摩擦に弱く，白けやすい。	ブラウス，パンツ等一般衣料
		キュプラ	コットンリンター	△		◎	染色性がよい。静電気が起きにくい。	摩擦でけば立つ。	和装用下着，スカーフ，裏地，風呂敷
	半合成繊維	アセテート	パルプと酢酸	×		△	絹のような光沢と肌触りをもち，軽い。縮みにくい。	摩擦で傷みやすい。除光液に溶解。	裏地，カーテン，婦人用フォーマル・ウェア
	合成繊維	ナイロン*	石油	×	溶けながら燃える	△	弾力性があり，しわになりにくい。カビ，虫害に強い。	吸湿性が低く，静電気が生じやすい。日光で黄変。	ストッキング，水着，スポーツ・ウェア
		ポリエステル*		△		×	しわにならず，型崩れしにくい。丈夫で乾きやすい。	静電気が生じやすく，汚れやすい。	一般衣料，フリース，学生服
		アクリル*		×		×	かさ高，弾力性がありしわになりにくい。カビ・虫害に強い。	静電気がおきやすいため汚れやすい。毛玉ができやすい。	セーター，冬物衣類，毛布
		ポリウレタン		×		×	伸縮性がある。軽量，耐水性に優れる。	摩擦に弱い。塩素に弱い。紫外線で黄変することがある。	水着，ストレッチ素材，合成皮革

＊印は三大合成繊維とされている。

維の種類と特徴を示す。

2）糸・織物・編物

糸は繊維を撚り合わせて作られる。糸には紡績糸（短い繊維を撚り合わせたもの，ミシン糸，毛糸），フィラメント糸，飾り糸のほか，特殊な糸（ラメ，スリットヤーン，金銀糸等）がある。さまざまな種類があることを念頭に置き，用途によって使い分けるとよい。

織物は，たて糸とよこ糸が一定の方式により直角に上下に交錯して作られる。たて糸とよこ糸の交わり方にはさまざまな種類や法則があり，これを織物組織という。最も基本となる織物の3原組織として，「平織」「斜文織」「朱子織」がある。これを基本にさまざまな変化組織が作られ，添毛組織（タオル，ビロード等），からみ組織（紗，絽等），紋組織（蜂巣織ほか，模様を織り出す）が作られている。織物組織の違いは引張強度や柔軟さに影響を与える。強度が求められる製品には平織，審美性を要求したい場合は朱子織を選ぶなど，使い分けるとよい（表3-4）。

編物は糸のループを互いにからませて作る。編み目の方向により，よこメリヤスとたてメリヤスに分類される。編物は織物よりも伸縮性に富み，かさ高く保温性に優れる。通気性もよく，しわになりにくいという利点をもつ。しかし，寸法安定性が劣り，特に洗濯により型くずれを生じやすい（表3-4）。

表3-4 織物と編物

		平織	斜文織	朱子織
織物	組織図			
	特徴	たて・よこ糸が1本ずつ交錯。3種の中で最も丈夫で引張に強い。伸縮性に欠ける。柔軟さは最も劣り，光沢も少ない。強度の必要な物に向く。	平織よりも交錯点が少なく，強度には欠けるが伸縮性がある。糸密度を高くできるので，厚手の生地も作りやすい。斜めの畝ができるのが特徴である。	織糸の交差点が少なく，3種の中で最も強度は落ちるが，伸縮性はある。糸が浮く部分が多いため光沢がある。柔らかい手触りとなる。インテリアやおしゃれ着等に向く。
		平編（メリヤス編）	ゴム編（リブ編）	パール編（ガーター編）
編物（よこメリヤス）	組織図			
	特徴	よこメリヤスの基本。表は滑らかで光沢に富むが裏はあらい感じになる。よこ方向に伸縮性あり。	編地は表裏の区別がない。よこ方向の伸縮性が大きい。靴下，シャツ，袖口のしまりに使われる。	編地は表裏の区別がない。よこ筋がついて見える。弾力性に富み，たて方向の伸縮性が大きい。

3）混　　紡

2種類以上の繊維を混ぜて使うことを混紡という。混紡の目的は，各繊維の欠点を補い，製品の性能を高めることにある。例えば，ポリエステルと綿を混紡すると，ポリエステルの防しわ性と綿の吸水性という両者の利点をもつ製品を得ることができる。ほかには毛とアクリル，絹と毛の組み合わせがよく用いられている。

4）その他の素材

織物や編物以外で，衣服を構成するその他の素材には，不織布，フェルト（繊維をからみ合わせ，熱や接着剤等により固定して布状にしたもの），レース，ネット，わた，皮革・毛皮，人造・合成皮革などがある。また副資材として，ボタン，スナップボタン，ファスナー，マジックテープ，ゴムひもなどがある。衣服はこれらの素材を組み合わせて作られているが，金属や合成樹脂等，布地とは異なる原料で作られている場合もあるので，洗濯時の取り扱いに配慮が必要である。

（2）被服素材の性能と加工

1）被服素材の性能

衣服はさまざまな環境で着用されるため，その主原料である布には多くの性能が要求される。着用と洗濯を繰り返し行っても，その性能が維持されることが望ましい。布の性能は原料の特性だけでなく，繊維の形態，糸や布の構造特性により変化する。

繊維の特性が影響する性能として，耐熱性，吸湿性などがあげられる（表3-3参照）。吸水性は，布の構造が影響する（毛管作用）。

布の厚さは含気率（布の中に含まれる空気の割合）に影響する。空気は熱伝導率が低いことから，含気率が高いと保温性が増す。布の糸密度（織物の単位長さ当たりのよこ糸・たて糸の本数）や糸の太さなどは，通気性や透湿性に関係する。また，糸密度が高いとしわになりやすく，編物のように比較的自由に糸が移動できる状態であるほど，しわになりにくい傾向があるが，これについては，繊維の特性も起因するので一概にはいえない。

2）被服素材の加工

被服素材は，使用目的により，さまざまな加工が施される。仕上げ加工の方法により，同じ繊維で作られた布でも異なる性質を有することもある。最も多い染色加工のほかに，素材が本来もつ外観・性能を整えるための加工（シルケット加工，プリーツ加工，防縮加工，防しわ加工など）と，特殊な性能（防水加工，撥水加工，防虫加工，UVカット加工，帯電防止加工など）を付与する加工がある。

さらに，近年の目覚ましい加工技術の向上により，新しく便利な素材の研究が進められている。福祉の現場に関係するものとしては，抗菌・防臭素材や，難燃・防炎素材等があげられ，数年前の製品より性能は向上している。しかし，これらの製品を使用する際には，安全性を確認し，正しい使用法で取り扱う必要がある。

ワークシート ● 織物・編物を作ってみよう

織物・編物は手軽に作成することができます。施設や保育現場等で，利用者や子どもの製作活動の教材としても利用できます。

作業

下の資料を参考に，織物・編物を作ってみましょう。

①段ボールの両端に位置テープを貼る。等間隔に切り込みをいれる。

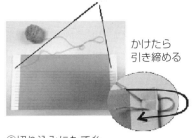

かけたら引き締める

②切り込みにたて糸をかける。

③よこ糸を通す。奇数のたて糸をもちあげ（定規等を利用），その下を通す。次の段は偶数のたて糸を持ち上げてよこ糸を通す。

④最後はたて糸を2本まとめて結ぶ。

織物：「段ボール織機で織る」

①空き箱やPETボトル等に，棒（奇数本）を固定する。

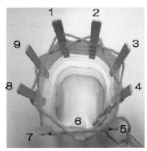

②1周目は奇数の棒に，2周目は偶数の棒に糸をかける。最初の糸は内側にたらす。

③3周目は奇数の棒に糸をかけ，1周目の糸をつまんで棒の向こう側にかける。この繰り返し。

④編み進んだところ。

⑤最後は棒の糸を外し，のこりの糸を輪に通して引きしめる。

編物：「箱（廃材）を使って編む」

3. 被服の選択

(1) 被服の選択にあたって

　現在の被服生活は，ほとんどが既製衣料を使用している。家庭用品の表示は「家庭用品品質表示法」に基づき，繊維製品については「繊維製品品質表示規定」により，皮または合成（人工）皮革を使用した製品については「雑貨工業製品品質表示規定」により，①繊維（表布・裏布・充塡物）の組成，②家庭洗濯等の取り扱い方法，③撥水性（必要な服種のみ），④表示者名，および，⑤表示者の住所または電話番号，取り扱い上の注意等の表示がされている（p.116参照）。また，JIS規格により，⑥サイズ表示がされ，不当景品類及び不当表示防止法により，⑦商品の原産国等の表示がある。消費者は，表示内容を確認し，選択・管理をしていくことが大切である。

1）既製衣料のJIS規格とサイズ表示

　既製服は，一般社団法人人間生活工学研究センターで計測された日本人の身体計測値をもとにサイズ設定されている。

　既製衣料のJIS規格は，着用者区分として乳幼児用（JIS L4001），少年用（JIS L4002），少女用（JIS L4003），成人男子用（JIS L4004），および，成人女子用（JIS L4005）があり，それぞれ，全身用，上半身用，下半身用に分けられている。ファンデーション（JIS L4006），靴下（JIS L4007），ワイシャツ（JIS L4107）のJIS規格もある。既製衣料品のサイズ表示は，基本身体寸法（ヌード寸法）で表示される。図3-2に，基本身体寸法の計測項目と計測部位を示す。服種により，長さなどの出来上がり寸法を表示したほうがわかりやすい場合は，特定衣料寸法（股下丈，スリップ丈など）として表示される。また，フィット性の有無により，表示方法が異なる。図3-3と図3-4に，成人女子衣料でフィット性を必要としないものと必要とするものの表示例をそれぞれ示す。

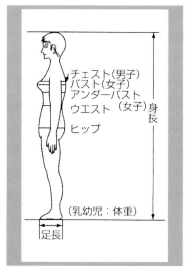

図3-2　基本身体寸法の計測項目と計測部位

　フィット性を必要とする服種のサイズ表示は，バスト（チェスト），ウエスト，ヒップの周径と身長のサイズで表示される。体型区分のある表示では，腰部から肩部にかけての前後へのバランスが均整のとれた標準的な姿勢の体格の人では適合するが，屈身体や反身

図3-3　成人女子衣料サイズの表示例（フィット性を必要としないもの）

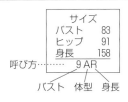

成人女子のA体型におけるバストとヒップのサイズ

号数	3	5	7	9	11	13	15	17	19
バスト	74	77	80	83	86	89	92	96	100
ヒップ	85	87	89	91	93	95	97	99	101

成人女子の体型区分

体型	意味
A体型	日本人の成人女性の身長を142cm, 150cm, 158cmおよび166cmに区分し, さらにバスト74～92cmを3cm間隔で, 92～104cmを4cm間隔で区分したとき, それぞれの身長とバストの組み合わせにおいて出現率が最も高くなるヒップのサイズで示される人の体型
Y体型	A体型よりヒップが4cm小さい人の体型
AB体型	A体型よりヒップが4cm大きい人の体型。ただし, バストは124cmまで
B体型	A体型よりヒップが8cm大きい人の体型

成人女子の身長区分

記号	中心値	範囲と意味
PP	142	138～146cmの範囲を示し, Petite, Petite（極小）の略
P	150	146～154cmの範囲を示し, Petite（小さい）の略
R	158	154～162cmの範囲を示し, Regular（普通）の略
T	166	162～170cmの範囲を示し, Tall（高い）の略

図3-4　成人女子衣料サイズの表示例（フィット性を必要とするもの）

体といわれる姿勢では不適合部位が多くみられる。サイズのみで衣服を選択するのではなく, 試着可能な衣服は試着して, 静立時に不自然なしわや圧迫がなく, サイズ的・体型的に適合しているか, また, 運動機能性を求める衣服では, 動作してみて運動に支障がないかどうかを確認することも大切である。

2）被服のユニバーサルファッション，グリーンファッション

ユニバーサルデザインは, 1990年代にアメリカのロナルド・メイス（Ronald Mace）博士が提唱したもので, 年齢, 性別, 身体的状況, 国籍, 言語, 知識, 経験などの違いに関係なく, すべての人が使いこなすことができる製品や環境などのデザインを目指す概念である。ファッションにおいても, 誰もが豊かなファッションを楽しめる社会を創ろうと, 「ユニバーサルファッション」として使用されている。

2000年以降, 限られた資源を有効に使い, 環境にやさしいものづくりと生活を推進しようとさまざまな法律が施行されている。「国等による環境物品等の調達の推進等に関する法律（グリーン購入法）」では, 被服も対象である。アパレルメーカーやNPO法人では, ペットボトルからポリエステル繊維を再生してユニフォームを作ったり, 回収された被服を再利用した服づくりなど環境負荷の少ない生産をしている。ファッションは常に新しいものが求められるが, 古い布を用いたおしゃれな服や小物が作られ, グリーンファッション, あるいはサスティナブル（持続可能）ファッションといわれる。消費者には, 無駄のない購入が勧められ, 被服を使い捨てではなく, 大切に扱うことが求められている。

（2）衣料障害

被服によって身体に何らかの障がいを起こすことを衣料障害という。中でも皮膚に及ぼす影響を皮膚障害という。皮膚障害は, 刺激反応による表皮の損傷とアレルギー反応によ

る皮膚炎に大別される。刺激反応の原因は、繊維の種類、素材の物性（太さ、断面形状、撚り数など）、織物・編物の表面起毛状態による摩擦、衣服の圧迫、縫製不良等による物理的刺激と、金属、加工剤、洗剤等の化学物質である。合成繊維や毛によるものが多い。

　アレルギー反応は、抗原となる化学物質が体内に入り、抗体が生成されることで生じる。表3-5に、衣料障害を起こしやすい化学物質を示す。特に、ホルムアルデヒドによる皮膚障害は多く、肌着などの身体に直接触れる衣料品は、購入後に洗濯をして着用することが勧められている。衣料障害の疑いが生じた場合は、着用を中止して専門医や都道府県の消費生活センターに相談する。

表3-5　衣料障害を起こしやすい化学物質

障　害	原　　因		対象家庭用品
皮膚炎	樹脂加工剤 （防縮・防しわなど）	ホルムアルデヒド	・おしめ、おしめカバー、よだれ掛け、下着、寝衣、手袋、靴下、中衣、外衣、帽子、寝具であって生後24か月以下の乳幼児用のもの ・下着、寝衣、手袋、靴下および足袋
	防菌・防かび剤	トリフェニルスズ化合物 トリブチルスズ化合物	・おしめ、おしめカバー、よだれ掛け、下着、衛生バンド、衛生パンツ、手袋および靴下
	防炎加工剤	ビスホスフェイト化合物 トリスホスフェイト	・寝衣・寝具、カーテンおよび床敷物
	アゾ化合物（化学的変化により容易に特定された芳香族アミンを生じるもの）を含有する染料		・おしめ、おしめカバー、下着、寝衣、手袋、靴下、中衣、外衣、帽子、寝具、他
化学やけど	石油系クリーニング溶剤		・溶剤が揮発されないで衣服に残っていたとき、その服を着用することで皮膚に接触し、発疹する。合成皮革、パンツ類に多い。

出典）「有害物質を含有する家庭用品の規制に関する法律」より一部抜粋

　「いろポチ」──視覚障がい者への色彩支援

　日本女子大学非常勤講師で産業技術総合研究所名誉リサーチャーである佐川賢先生が、社会福祉法人日本点字図書館と株式会社フクイの協力を得て、「Tactile Colour Tag」（触覚カラータグ、製品名称"いろポチ"）を研究開発しました。色知覚の基本構造である色相環を利用し、外側に基本色10色、その内側に薄い色を10色、円の中に白、灰、黒の3色を表した凸点を配置しています。服の色にあたる部分の凸点を大きくしたり、その部分に穴をあけたりすることで、視覚障がい者は触ることによって色を識別することができます。アパレルメーカーはもちろん、色を必要とするすべてのシーンでの活用を目指し、現在積極的な普及活動を行っています。

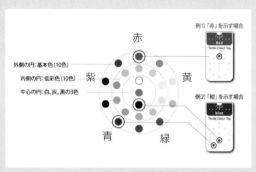

（株式会社フクイHPより）

ワークシート ● 通信販売で衣服の購入を支援しよう

〈事例〉
　山口しずさん（83歳・女性・要支援2）は，アルツハイマー型認知症を患っています。夫が入院し，1人での在宅生活が難しくなったため，介護付き有料老人ホームに入居しました。かなりやせています。
　施設内の活動では合唱団に入り，合唱の練習や発表会に着ていく服も新調して頑張りたいと言っています。その服をインターネットで購入することになりました。

作業

適切な支援ができるように，次のようなインターネットやカタログの通信販売による被服の調達方法と留意点を確認してみましょう。

① インターネットによる通信販売では，会員になり，IDとパスワードを管理することが必要です。この管理に関する注意事項について。

------

② 商品の選定は，本人にしていただきますが，サイズの決定では，仕上げ寸法と身体寸法との関係の，正しい把握が必要です。バスト・ウエスト・ヒップサイズ，肩幅，袖丈，裄丈，着丈，股上寸法，股下寸法などの計測部位と正しい計測方法について。

------

③ 7YPのサイズ表示の意味について。

------

④ 商品の支払い方法について。

------

⑤ 返品や交換が生じた場合の，返品期日や返品・交換方法について。

4．下着・寝具・靴

（1）下着（肌着）の役割

　下着（インナーウェア）は，肌着，ファンデーション，ランジェリーに分類される。肌着は，汗や不感蒸泄，皮脂，皮膚剥離，排泄・分泌物などの汚染物質を付着・吸収し，皮膚を清潔に保つと同時に，体温調節を行う保健衛生上の大切な機能をもっている。図3-5にたんぱく質の汚れ状態を示す[1]。特に，日本は高温多湿の気候であるため，季節や年齢，活動状態により，汚れの状態は異なる。素材は，吸水・吸湿性，透湿性，耐洗濯性があり，皮膚への刺激が少ない綿が好ましい。季節に合わせて，メリヤス（通年），クレープ，ガーゼ（夏用），ネル（冬用）などを選びたい。肌着は，四肢の可動域によってデザインが異なる。一般的なかぶり型に対して，前開きのものや前面と後面が分かれて肩部，袖下，脇および股下にマジックテープを取り付けた全開型のものがある。

※20歳代男性が起床直後から入浴前まで1日着用したときのたんぱく質汚れをニンヒドリンで抽出した例。濃い部分はたんぱく質汚れが大きいことを示す。

図3-5　肌着のたんぱく質汚れ

（2）寝具・寝装具

1）眠ることの意義

　睡眠の役割として，身体・脳・神経の疲労回復，ストレスの緩和，免疫力の増強，ホルモンの分泌，細胞の新陳代謝などがあげられ，健康な身体を維持する3大条件「栄養」「運動」「睡眠」の一つにもなっている。人は1日の約1/3時間を布団の中で過ごすが，近年，どの年代も不眠を訴え，不健康状態の人々が多くなっている。厚生労働省では，健康日本21（第二次）の開始に伴い，「健康づくりのための睡眠指針2014～睡眠12箇条」を策定し，睡眠の重要性について普及啓発をしている（表3-6）。

表3-6　健康づくりのための睡眠指針2014～睡眠12箇条～

①	良い睡眠で，からだもこころも健康に。
②	適度な運動，しっかり朝食，ねむりとめざめのメリハリを。
③	良い睡眠は，生活習慣病予防にもつながります。
④	睡眠による休養感は，こころの健康に重要です。
⑤	年齢や季節に応じて，ひるまの眠気で困らない程度の睡眠を。
⑥	良い睡眠のためには，環境づくりも重要です。
⑦	若者世代は夜更かし避けて，体内時計のリズムを保つ。
⑧	勤労世代の疲労回復・能率アップに，毎日十分な睡眠を。
⑨	熟年世代は朝晩メリハリ，ひるまに適度な運動で良い睡眠。
⑩	眠くなってから寝床に入り，起きる時刻は遅らせない。
⑪	いつもと違う睡眠には，要注意。
⑫	眠れない，その苦しみをかかえずに，専門家に相談を。

2）寝具に求められる機能

　快眠な睡眠を得るためには，人側の睡眠生理，寝室環境，そして寝具（敷き布団，掛け布団，マット，毛布，枕類等）・寝装具（シーツ，カバー類，寝衣等）を睡眠に適した状態に整え

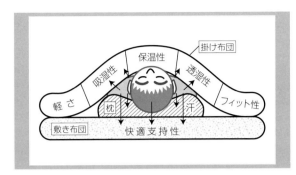

図3-6 寝具に求められる機能

ることが必要である。図3-6に寝具に求められる機能を示す。保温性，吸湿性，透湿性，掛け布団では軽さやフィット性，敷き布団では快適支持性などが求められる。枕は頸椎を自然な形で支えて寝返りが打ちやすいものがよい。さらに，防ダニ，抗菌，消臭等の付加機能や，生活の利便性の面から手入れがしやすく，洗濯・収納性のよいものが望ましい。

表3-7に，ふとんと毛布，枕に用いられる素材とその特徴および管理方法を示す。

3）寝室環境と寝床気候

寝室環境として，光，騒音，温度・湿度，香り，気流なども適切に保つことが必要である。睡眠に適した明るさは10ルクス程度，音は30デシベル程度，そして室温は夏季で24～28℃，冬季で13～21℃が目安とされている。睡眠時の寝具と身体との間の温度・湿度を寝床気候という。温度31～34℃，湿度35～50%に保つと快適に眠ることができるといわれている。

季節に合わせて寝室環境を整え，使用する寝具の素材や重ね方，寝装具を工夫すること，日頃から寝具や寝装具の手入れをして衛生的で快適な睡眠をとることが大切である。また，昼間の活動や就寝2時間前までの夕食の摂取に加えて，高齢者や障がい者では足部の冷えが入眠時間を遅らせていることから，寒い時期では就寝前の入浴，足浴，または湯たんぽなどの使用により足部を温めるなど，人側の対応が快眠につながる。

表3-7 布団と毛布，枕に用いられる素材とその特徴および管理方法

素材	適用	保温性	吸湿性	透湿性	軽さ	フィット性	圧縮回復性	管理方法
木綿	掛け布団，敷き布団(敷きパッド)，綿毛布	○	◎	○	×	○	×	弾力性・保温性・吸湿性がある。透湿性に欠け，湿ると保温力が低下し，カビやダニが増殖しやすい。こまめに天日干しし，乾燥・紫外線殺菌をする。打ち直しが可能である。
羊毛	掛け布団，敷き布団(敷きパッド)，毛布	◎	◎	◎	○	◎	○	保温性がよく，吸透湿性も優れている。肌触りがよい。風通しのよい日陰に干すと除湿でき，嵩高が増す。保温力・弾力性が回復し，殺菌効果もある。防虫剤を入れて保管する。
羽毛	掛け布団	◎	○	◎	◎	◎	◎	吸湿性にやや欠けるが，軽くて嵩高性があり，保温性に優れている。からだにフィットしやすい。日常の管理をきちんとすると長持ちする。干し方，収納方法は羊毛のふとんと同様である。
合繊 (ポリエステル)	掛け布団	◎	×	×	◎	○	◎	安価である。軽くて扱いやすく，埃も出ずに衛生的である。化学繊維のため，虫害を受けにくい。吸湿力がなく，天然素材に比べて肌触りも劣る。
	敷き布団(敷きパッド)						×	

◎：優れている　○：やや優れている　×：やや欠ける

（3）靴

1）足部の成長・発達と加齢変化

人は基本的には2足歩行で移動できることで，その人らしい生活を維持することができる。歩行は，血流を促進し，足は第二の心臓ともいわれている。生まれたときの足部の骨の構造は完全ではなく，足幅が広く，土踏まずも未完成である。7歳以降で骨格が完成に近づき，3つのアーチ（横アーチ：母趾球〜小趾球，内側縦アーチ：踵骨〜母趾球，外側縦アーチ：踵骨〜小趾球）をもつことで複雑な運動ができるようになる。足型には，3つの種類がある（図3-7）。

高齢になると骨格・関節の変化や筋力の低下により歩行が困難になる。特に，膝関節の変形によりO脚がひどくなったり，偏平足，開張足（横アーチが崩れる）に加え，適合しない靴を履いてきたことによる外反母趾，トゥハンマーなどの足部の変形はますます進み，歩行を妨げる要因になっている。また，足長や足囲も変化し，靴のサイズも大きくなる。

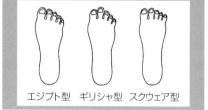

図3-7　足型の種類（エジプト型　ギリシャ型　スクウェア型）

2）快適な靴の選び方

足部に負担が少なく，快適な靴の条件は，靴の形が足型に適合していること，トップライン，ヒールライン，アーチラインが合っていること，トゥスプリングが大きいこと，捨て寸が0.5〜1cmほどあること，そして甲の部分までしっかりと覆うこと，などがあげられる（図3-8）。近年日本においても，歩行と靴との関係が重要視され始め，靴のオーダーもしやすくなった。また，足と靴に関する基礎知識と靴合わせの技能を習得し，足の疾病予防や安全管理の観点から適合した靴の選定をアドバイスするシューフィッターも活躍している。介護用靴，高齢者・障がい者用の靴は，軽くて履き心地がよく，脱ぎ履きがしやすい，つまずきにくい，かつ，滑りにくいなどの配慮がなされている。

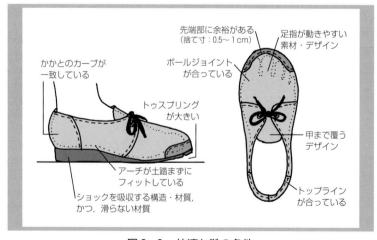

図3-8　快適な靴の条件

ワークシート ● 快適な睡眠環境・寝具の特徴を知ろう

子どもは，遊びに夢中になっているとエネルギーも消費し，ぐったりとして不安定になりやすい特徴があります。以前の保育所保育指針では，午睡（昼寝）が午後の日課として必須になっていましたが，2017年に改訂された保育所保育指針では，午睡は「在園時間が異なることや，睡眠時間は子どもの発達状況や個人によって差があることから，一律にとらないよう配慮すること」とされ，一人ひとりの子どもに合わせた対応がなされています。

実習生の小林昭一さんの実習先の保育園では，午後1時半になると薄い布団を敷き，タオルケットをかけて午睡が始まりました。子どもたちは汗をかきながら寝ていました。

作業1
短時間で気持ちよく午睡するために，どのようなことに留意すればよいのか，次の点について，調べてみましょう。
① 午睡する部屋の室内環境について。

----

② 午睡に適した寝具の素材について。

作業2
睡眠時も不感蒸泄として，汗として感じない水分が失われています。脱水症状にならないための配慮として，必要なことを考えてみましょう。

ワークシート ● 健康的な足への配慮，正しい靴の選び方を知ろう

靴は，足部を優しく被覆し，歩行運動を助長することが本来の目的です。近年，どの年代においても，足趾（指）が地面に着かない「浮き指」が問題になっています。また，外反母趾，トゥハンマーに加えて，胼胝(たこ)や鶏眼(うおのめ)などの問題が多く，歩行困難も招いています。

作業
自分自身の足部の健康と正しい靴選びのために，次の点について調べてみましょう。
① 自分の足型について。

----

② 「浮き指」「外反母趾」「胼胝（たこ）」「鶏眼（うおのめ）」の症状と原因について。

----

③ 靴を購入するときの留意点について。

----

④ フットケア商品について。

----

⑤ TPOに合った靴の種類について。

5．被服の管理①［品質表示・洗濯］

（1）被服の管理にあたって

1）被服の管理の流れ

　被服の管理とは，着用した衣服の汚れを洗濯等により除去し，収納するまでの一連の作業を指す（図3-9）。最近は衣服の素材が多様化しているため，その管理も技術を要するようになった。支援する相手により，衣服に特別の思い入れをもつ場合もある。いずれにせよ，状況に応じて適切な対応ができるよう，日頃から慣れておく必要がある。

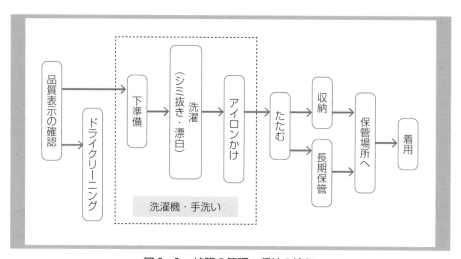

図3-9　被服の管理・収納の流れ

2）品質表示

　品質表示は，家庭用品品質表示法により消費者に適切な情報提供をするためにつけられるもので，繊維製品の場合は，消費者に見やすい位置に直接縫いつけられている。

　対象製品により若干の表示の違いはあるが，基本的には図3-10のような表示がされている。まず最初にこの表示の意味を理解し，製品の情報を把握してから管理等を行うようにする。

図3-10　品質表示

表3-8　洗剤の種類

	洗濯用洗剤			柔軟剤
	石けん	弱アルカリ性洗剤	中性洗剤	
形　態	固形・粉末	粉末・液体	液体	液体
用　途 特　徴	一般衣料洗濯用		毛，絹，アルカリに弱いおしゃれ着用生成り，淡色の衣料（無蛍光）	洗濯後の衣類を柔らかく仕上げるためのもので，洗浄力はない
液　性	弱アルカリ性		中性	
洗浄効果	強　　　　　　　　　→　　　　　　　　弱			

（2）洗　　　濯

1）洗　　　剤

　表3-8は洗濯で用いる洗剤の種類である。洗剤の使用量は製品に記載されている使用量を守る。洗剤を余分に入れても，洗浄成分の界面活性剤がミセル化するだけで，汚れに吸着しない。つまり，汚れ落ちが促進されることはなく，余分な洗剤は衣類に付着して皮膚障害の要因にもなり得る。さらに，洗剤成分の環境への流出や，洗剤除去のためのすすぎ水が多量に必要になるなど，不経済で利点はまったくない。

　近年，新しいタイプの洗剤が販売されている。1回分の洗剤をボール型にした洗剤は，見た目が美しく，便利であるが，誤飲の可能性がある利用者や子どもの手の届かない場所に保管する配慮が必要である。また，洗濯時間短縮を目的とした「時短洗剤」と呼ばれる種類も販売されており，現代の生活のニーズに合う商品開発が進んでいる。これらを取り入れる際は，商品添付の使用方法どおりに使用することで，最大限の効果を発揮する。

2）下　準　備

　洗濯を効率よく行うために，まず，以下のように洗濯物の仕分けを行う。

① 素材で分ける（素材ごとに洗剤を使い分ける）。
② 白物と色落ちしやすい色物を分ける（白物への色移り防止のため）。
③ 生成りと淡色のものを分ける（中性洗剤を使用する）。
④ 汚れのひどいものを分ける（事前に下洗いをして汚れを落としておく）。

　次に，点検を行う(表3-9)。この際，事前に汚れのひどい場所を確認しておくとよい。

3）洗濯の方法

① 洗濯物の重さを測る

　洗剤の量を決めるため洗濯物の重さが必要になる。慣れるまでは体重計等を利用する。

② 洗濯液を作る

　洗濯物の重さに応じて最初に洗剤と少量の水を洗濯機に入れ，洗濯機を攪拌して洗剤を溶かす。洗剤量は使用洗剤に記載の量を参考にする。

③ 洗濯する

　全自動洗濯機を使用する場合，洗濯物を入れてスタートボタンを押すだけである。2層式の場合は洗濯槽で6〜7分洗濯し，脱水槽に移して約1分脱水する。再び洗濯槽に洗濯

表3-9　点検の方法

おしゃれ着，下着，ストッキングなどは洗濯ネットに入れる（入れる量はネットの1/3くらいが目安）。	ほころび・破れはそのまま洗濯すると広がるので，洗濯前に繕っておく。取れかかったボタン等は付け直すか，はずして洗濯中に落ちないようにする。	ポケットの中を確認する。特にティッシュ・ペーパーは洗濯後の処理に時間がかかるので必ず取り除く。
シミ抜きをする。p.120参照。	シーツ，ハンカチなど折りたたんであるものは広げて洗う。そのまま洗濯機に入れても汚れが落ちにくい。	ファスナーは閉める（他の洗濯物に引っ掛かるため）。
長いひもは輪ゴムなどで止める（他の洗濯物に絡まるため）。	マジックテープは止めて洗濯する（他の洗濯物に引っ掛かるため）。	汚れのひどいものは別に洗うか，洗濯機に入れる前に部分的に下洗いをする。

便はへら等で取り除き，トイレに流す。その後必要に応じてシミ抜きや漂白をする。

物を移し，約3分すすぎを行う。その後脱水，すすぎ，脱水と同じ要領で繰り返す。

洗濯を終えたら，洗濯機から洗濯物を1枚ずつ丁寧に取り出す。この際に強引に引っ張って洗濯物を取り出すと破損するので注意する。汚れが落ちているかを確認し，たたむ，たたくなどして軽くしわをとる。

洗濯物が少量の場合や，ニット製品等を洗濯する場合には，手洗いが向いている。洗い方は，押し洗い（かさがあるものを洗う），振り洗い（ハンカチ等），つかみ洗い（部分的な汚れを洗う），もみ洗い（靴下等の汚れを強く洗う）などがあり，適宜使い分ける。基本的には洗いは1回，すすぎは2回で，各操作の間には，脱水をする。また，ニット製品を洗う場合には型くずれ防止のため，バスタオル等にくるんで脱水する，干す際には平干しする，乾燥機には入れない，などの配慮が必要である。

4）乾　　燥

① 乾燥機を使う

乾燥機に入れる前には必ず洗濯機で脱水をする。製品の品質表示を見て，乾燥機が使えるかを確認する。乾燥容量を確認して衣類を入れる（つめすぎ，少なすぎは乾きにくい）。乾燥機に入れる際，ボタンやファスナー等は閉じて衣料を裏返し，乾燥中の金属音を防ぐ。使用中は換気をし，フィルターについたほこりは定期的に除去する。

② 屋外に干す

洗濯物は屋外で天日に干したほうがよく乾き，紫外線による殺菌効果も期待できる。しかし，紫外線による繊維の劣化，色あせ防止のため，乾いたら早めに取り込む。物干し竿や小物かけなどは常にきれいにしておく。

屋内に洗濯物を干す際は，常に換気を心がける。洗濯物の水分による結露，カビ，ダニの発生を防止する。また，洗濯物が乾かない日が続くと悪臭が発生する場合もある。

ワークシート ● 洗濯してみよう

作業

実際に自分と家族の衣服を洗濯してみましょう。洗濯で難しいのは「干す」ことです。家庭や施設等で干し方の決まりがある場合もあります。まずは下の図を参考に，洗濯して干すまでを実践し，いろいろなケースに対応できるようにしておきましょう。

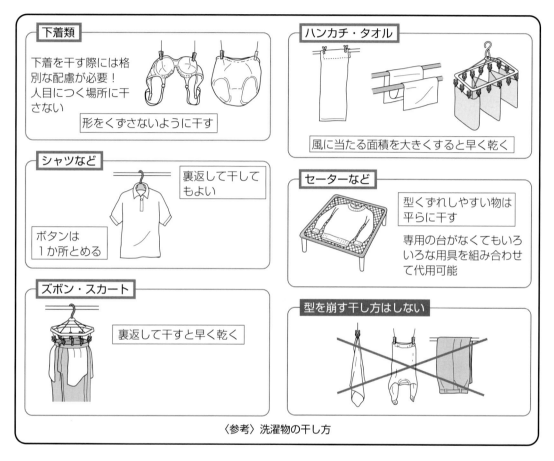

〈参考〉洗濯物の干し方

コラム 消臭スプレーをかければ，洗濯をしなくてもよい？

消臭スプレーは，製品中の有効成分がにおいの原因に作用することで消臭効果を発揮します。しかし，においの原因を取り除くわけではありません。一方，洗濯では汚れそのものを取り除きます。したがって，においの原因が「汚れ」に起因している場合には，消臭スプレーにより一時的ににおいは消えても，再びにおいが発生することがあります。消臭スプレーをかけたからといって，その製品が「清潔」になったとはいえないのです。両者をうまく使い分けるようにしたいものです。

6. 被服の管理②[シミ抜き・漂白・収納・保管]

(1) シミ抜きと漂白

1) シミ抜き

　シミ抜きとは，部分的についた汚れを落とすことである。通常の洗濯で落ちないと思われる汚れや，全体を洗うまでもない場合に行う。シミはついたらすぐに落とすことが肝心であり，時間がたつとシミの成分が繊維の奥まで吸収されたり，空気との反応により黄ばみが生じ，落ちにくくなる。シミ抜きが難しそうな場合には，クリーニング店などに処理を依頼するのが無難である。

　シミ抜きをする際には，まず，シミの種類を判別することが大切である。シミに水を1滴垂らして，その挙動によりシミが水溶性か油溶性かを判断する。においもシミの判別に役立つ。シミ抜きの原理は，ついたシミを溶かして別の布に吸着することである（図3-11）。したがって，表面についている固形物がある場合はそれをつみとり，水溶性のシミの場合には，まず，水か湯を染み込ませた綿棒等でたたいたあとに，洗剤液を使用する。油溶性のシミの場合には，ベンジン等を使用したあとに，洗剤液を使用するのが一般的である。

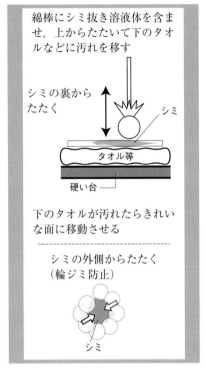

図3-11　シミ抜きの方法

最近は市販のシミ抜き剤が豊富にあるので，これを利用するとよい。その際には使用方法をよく読んでから処理をする。

2) 漂　白

　漂白とは，色素を化学的に分解し除去することをいう。洗濯においては，通常の洗濯で落ちない汚れに対して行う。種類によっては使用できない材質もあり，使い方を誤ると脱色や黄変等の事故を引き起こすことがある。また，塩素系漂白剤には「まぜるな危険」の表示がある。これは他の酸素系洗剤等と併用すると塩素ガスが生じ，中毒になる可能性があるというものである。必ず製品に添付されている使用上の注意を確認してから用いる。

(2) アイロンかけとたたみ方

1) アイロンかけ

　アイロンは，被服のしわを伸ばして形を整えること，高温を与えるために殺菌効果が得られるという利点がある。これも品質表示を確認し，適する温度で行わないと焦げや溶解

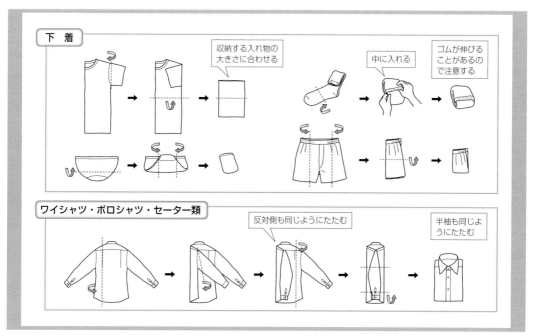

図 3-12　たたみ方

という事故につながる。アイロンかけの手順を以下に示す。

① アイロンをかけるものの取扱い絵表示を確認し，繊維の組成別，温度別に分ける。
② 温度の低いものからかけ始めると効率よくできる。
③ アイロンは余分な力は入れずにかける。身頃などの広い面はすべらせるようにかけ，折り目をつけたい場合には押さえるようにかける。面積の小さい部分からかけ始めるとしわになりにくい。また，毛など起毛しているものはアイロンを数 cm 浮かしてかけるとよい。
④ スチームアイロンと霧吹きは目的によって使い分けると効果的であるが，最終的には水分は飛ばす必要がある。
⑤ かけ終わったら，熱があるうちは型崩れを起こすことがあるため，熱がとれてからたたむ。

2）たたみ方

図 3-12 に基本的なたたみ方を示す。

（3）収納と保管

1）収納・保管の方法

保管には，すぐに着用するため一時的に収納する場合と，来期まで収納する場合（長期保管）の 2 種がある。

収納場所の下部には湿気に強いもの，上部は毛・絹製品や普段は使わないものを収納する。一時的に収納する場合には，ハンガーにつるす，たたむなどして次に着用する際，選

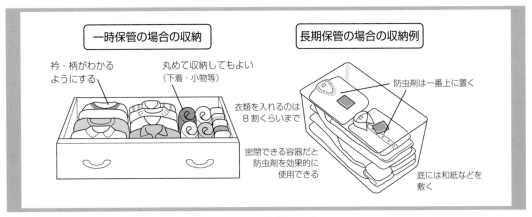

図3-13 収納の工夫

びやすいように服の柄やデザインがわかるように工夫する。タンス等に収納する場合には，衿の形がわかるようにたたんだり，丸めたりすることもある（図3-13）。限られた収納場所を有効に使えるように工夫する。

長期保管の際には，特にカビや虫害を受けやすくなるため，必ず洗濯の済んだ衣類を収納する。その際に防虫剤や乾燥剤を併用すると効果的である（図3-13）。

2）防　虫　剤

防虫剤は薬剤の昇華により効果を発揮する。最近では，防虫効果があるとされているポプリや植物の精油等も使用されている。防虫効果は弱いが無害であることで一部の人々に好まれている。以下に使用時の注意点等を示す。

① 防虫剤は収納容器の上部に衣類に直接触れないように置く（薬効のある気体は空気より重いため）。

② 収納容器には密閉できるものを使用したほうがより効果的である（密閉性が低いと，防虫剤成分が容器の外に漏れ出し，効果が発揮されない。また，漏れ出した成分が室内に拡散され，住人が不快感を訴えるケースも出てきている。使いすぎは身体に悪影響である）。

③ 防虫剤は種類の違うものを同じ場所で使用するとそれらが溶け出し，衣服にシミがつくこともある。

④ 防虫剤はその外見等から誤食の対象にもなりやすいため，人目につかない場所に管理をする。

6. 被服の管理② [シミ抜き・漂白・収納・保管]

ワークシート ● ウイルスに汚染された衣服の洗濯方法を考えてみよう

作業

実習生の小林昭一さんが、実習先で、自分の服（エプロン：綿、色はピンク、シャツ：ポリエステルと綿の混紡、色は白）が、急に嘔吐した園児の嘔吐物で汚れてしまいました。もしかしたらこのところ流行しているノロウイルスに感染したのかもしれません。自宅で洗おうと考えていますが、もしノロウイルスに汚染されたのであれば、感染力が強いため、ほかの洗濯物と一緒に洗うことはできません。この服はどのように洗えばよいでしょうか。

〈参考 漂白剤の種類〉

種類	酸化型			還元型
	液体塩素系	粉末酸素系	液体酸素系	粉末還元系
主成分	次亜塩素酸ナトリウム	過炭酸ナトリウム	過酸化水素	二酸化チオ尿素
液性	アルカリ性	弱アルカリ性	弱酸性	弱アルカリ性
用途	綿・麻・レーヨン・キュプラ・ポリエステル・アクリルなどの白物の繊維製品	毛・絹を除く白物・色・柄物の繊維製品	白物・色・柄物のすべての繊維製品	白物の繊維製品、毛・絹製品白物専用
使用不可のもの	毛・絹・ナイロン・ポリウレタン・アセテート・樹脂加工品	毛・絹とこれらの混紡の繊維製品		生成り・色・柄ものの繊維製品
使用法	水、30分程つけ置き	水または40℃以下のお湯30～120分つけ置き	水または40℃以下のお湯30～120分つけ置き	40℃のお湯30～120分つけ置き
特徴	漂白力が強い、除菌・除臭効果が高い	色・柄物の繊維製品にも使用できる	色・柄物、水洗い可の毛・絹製品にも使用できる	鉄分や塩素系漂白による一部の樹脂加工品の黄変回復

7．縫製の基礎と被服の修繕

（1）縫製の基礎

　人は，外部からの危害防止や体温を維持するために，最初は身体に獣毛や樹皮などを纏っていた。石器時代に編物や織物が作られている。織物による衣服の形態は，古代は長い布を身体に巻きつけて形を作るものであったが，中世になると，布を裁断して縫い合わせ，身体にある程度密着したものになった。衣服には，日本のきものに代表される平面構成と，身体に密着した洋服の立体構成がある。いずれも，着用者のサイズに合わせて布を裁断し，縫製することで，着用可能な衣服になる。現代の衣服は，ミシンによる縫製がなされているが，それ以前は手縫いであった。手縫いのためにはさまざまな用具が開発されている。

　現代の被服づくりは一部の専門家が担っているが，手を動かすことは脳を活性化することにつながる。修繕が必要な場合は，縫製の基礎や被服の簡単な修繕法を学び，修繕できるようにしたい。また，布や毛糸などを使った手工芸が，子どもから大人まで推奨されている。

1）縫製用具

　手縫いに用いる縫製用具と使用上の注意を図3-14に示す。また，表3-10と表3-11に，主な縫い糸の素材と特徴，縫い針の種類と用途をそれぞれ示す。糸は，手縫い用のカード巻とミシン糸がある。ミシン糸は，番手が大きいほど細い。日常服では，洗濯しても縮みにくいポリエステル糸が多く用いられる。

図3-14　手縫いに用いる縫製用具と使用上の注意

表3-10 主な縫い糸の素材と特徴

素材	特徴と用途
綿（カタン糸）	耐熱性があり高温でも溶融しない。耐アルカリ性に優れ，繰り返し洗濯にも耐える。綿製品に使用する。
絹	長繊維，独自の優れた光沢としなやかさがあり，縫いやすく，仕上がりが綺麗。毛製品・絹製品に使用する。
ポリエステル	強度が高く，適度な伸びがあり，耐熱性，耐薬品性に優れている。すべての素材に使用できる。

表3-11 縫い針の種類と用途

種類	用途
木綿針	ウール地，厚地木綿地用
ガス針	木綿地，麻地，ウール地
紬針	薄手木綿地，薄手ウール地
絹針	絹地，薄手木綿地
メリケン針	すべての生地
その他	ふとん針，ぬいぐるみ針，パッチワーク針，キルティング針，フランス刺繍針など

2）手縫いの基礎

図3-15に手縫いの基礎を示す。

3）便利な修繕用商品

縫い針が使用できない場合は，接着剤がついていて，アイロンをかけるだけで修繕できるものが開発されている。接着面が大きくなると，衣服本体の織物や編物と伸縮率が異なり，持続性が短くなりやすい。

① アイロン両面接着テープ：布と布とを接着させるもの。シート状とテープ状のものがある。かぎ裂きの補修やアップリケ，裾上げテープとして使用できる。

② 裾上げテープ：織物や編物の片面に接着剤がついたものや，中温で溶融する化繊糸を

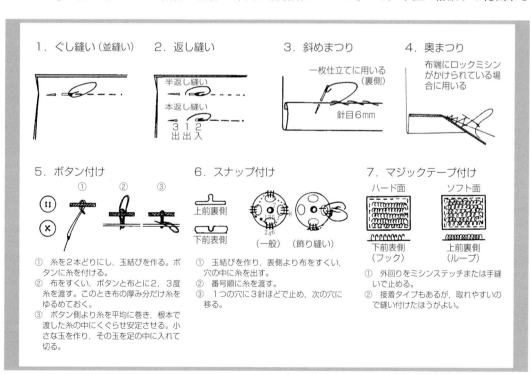

図3-15 手縫いの基礎

編み込んだテープがある。
③　静電防止用糸・テープ：制電性のある糸で，衣類や小物を縫ったり，その糸で作られたテープを衣服の一部に貼りつけることで，静電気を抑えることができる。
④　ネームテープ：片面に接着剤がついていて，テープに名前を書き，アイロンで貼りつけることができる。

（2）手 工 芸

　人は道具を使い，さまざまな手づくりの生活用品・装飾品を作り出してきた。現代では，既製のものが多くなったが，手づくり品は，作り手にとっては出来上がりが楽しみでもあり，贈り物としていただいた場合は温かさを感じたりする。手工芸の主なものに，縫い物，編物，刺繍，貼り絵，切り紙，和紙工芸，陶芸，木工，ネット手芸，ビーズ手芸等があるが，時代とともにその内容は変化している。いずれも道具を使い，縫う，編む，巻く，切る，塗る，素手で貼る，押す，叩くなどの行為があり，脳を使い，考え，アイデアを出し，試行錯誤しながら手の巧緻性を高めていくことができる。また，集中力や作り上げることで達成感を味わうことができる。幼児期から発達過程に応じて経験させたい。

●刺し子によるふきんづくり
〈目的〉縫製の基礎を学ぶ。布の扱い方，はさみの使い方，針の使い方等を知る。手の巧緻性を高める。出来上がったものを生活の中で使用し，役立てる。
〈材料〉ふきん用さらし木綿1枚，刺し子糸（フランス刺繍糸でも可）
〈用具〉チャコペンシル，刺繍針（太い縫い針でも可），待ち針，糸切りはさみ
〈作り方〉

①　布に直接チャコペンシルで好きな絵を描く（チャコペンシルは自然に消えるタイプを使用）。
②　裁ち切りの端の部分を1cmの縫い代をとり，内側に折る。2枚合わせて待ち針で押さえ，外回りを縫う。
③　チャコペンシルで付けた印どおりに好きな色糸で縫う。玉止めは外側でする。
④　部分により，色を変えて縫う。

 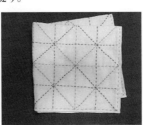 

出来上がり　　〈参考作品〉ふきん　　ティッシュケースカバー

ワークシート ● 利用者が積極的に楽しめる裁縫について考えてみよう

デイサービスなどでは，高齢者の趣味を生かした手工芸の支援が行われています。針仕事やものづくりでは，危険を伴う用具を使うからと敬遠されがちですが，リスク管理をすることで実践できます。特に，針仕事は70歳代以降の高齢者は嫁入りじたくの一つとして裁縫を学び，家族の被服（和服，洋服，寝具類）を仕立て，修繕してきました。針をもつことで昔のことを思い出し，手先も器用に動いてきたりします。さまざまな用具も開発されています。活動量を増やすために，たくさんの情報を得て，楽しい趣味の支援ができることが望まれています。

作業

次の用具を調べてみましょう。

① 待ち針の代わりをする仮止めクリップ。

② 危なくない縫い針。

③ ユニバーサルデザインのはさみ。

【引用文献】

1) 百田裕子・桂木奈巳：「本学介護福祉専攻学生の被服管理に関する履修前の実態と履修後の効果」，宇都宮短期大学人間福祉学科紀要　第1号，79-92（2003）

【参考文献】

・田中直人・見寺貞子：『ユニバーサルファッション』，中央法規出版（2002）
・宇都宮短期大学地域福祉開発センター：「研究年報報告書」（2014）
・ユニバーサルファッション協会：『ユニバーサルファッション宣言』，中央公論新社（2002）
・山根寛・菊池恵美子・岩波君代：『着る・装うことの障害とアプローチ』，三輪書店（2006）
・百田裕子・桂木奈巳：「本学介護福祉専攻学生の被服管理に関する履修前の実態と履修後の効果」，宇都宮短期大学人間福祉学科紀要　第1号（2003）
・中村勤：「睡眠特性と寝具寝装品の開発」，繊維製品消費科学，47，343-353（1999）
・吉田令晴・藤田貢：「寝具寝装品の今とこれから」，繊維製品消費科学，56，548-554（2015）
・岡村理栄子編著：『新　体と健康シリーズ　おしゃれ障害』，少年写真新聞社（2003）
・清水昌一：『歩くこと・足そして靴』，風濤社（2008）
・間壁治子：『図解　被服構成』，源流社（1984）
・田中千代：『新・田中千代服飾事典』，同文書院（1991）
・日本作業療法士協会編：『作業―その治療的応用　改訂第2版』，協同医書出版社（2003）
・山根寛：『ひとと作業・作業活動　新版』，三輪書店（2015）

Ⅳ. 住 生 活

1. 住まいの役割と機能
2. 住生活と生活空間
   ―生活空間と動線計画
3. 住まいの室内環境
4. 住まいの維持管理
5. 住生活と安全
   ―安全に暮らすための生活環境
6. 住まいと地域生活

1. 住まいの役割と機能

(1) 住まいの役割

　私たちの住まいは，そこに住む人が生活を展開する場であり，さまざまな役割をもっている。住まいの役割の主なものは，表4-1に示すとおりである。社会状況によって変化する住み手の要求に応じた役割を担っているといえる。

　私たちの健康と環境の関係について示しているWHO（世界保健機関）のICF（国際生活機能分類）では，環境因子や個人因子といった観点があり，物的環境，人的環境，社会的環境が環境因子に含まれ，この中に「住まい」「環境」も位置づけられて

表4-1　住まいの主な役割

①シェルター
・自然環境・外敵・社会的環境から住む人を守る
②住む人の生活拠点
・子どもを産み，育てる，老人や病人を介護し看取る，命の再生の場
・財産を管理し，文化や伝統を次世代に伝承する
③生活の場
・生活行為（食べる・寝るなど）を安全に快適に行う
・家族の協力や分担を通して安らぎや生活体験を共有する
④むらやまちをつくる
・住まいを中心に近隣と交流する。付き合いが広がる拠点

いる。「住まい」と生活を取り巻く「環境」は，私たちの生活機能（心身機能，身体構造，活動，参加）に大きく影響し，住まいと周辺地域の重要性が示されている。また，少子高齢社会の進行に伴い，関連するさまざまな施策において，高齢者・障がい者の在宅支援を重視し，地域に住み続けることを支援する方向性が明確になっている。こうした状況を踏まえると，「住まい」は，住む人の生活を左右する重要な基盤であり，住まいを取り巻く「地域」も含めた住環境の重要性が今後ますます高まると考えられる。

(2) ファミリーサイクル（家族周期）と生活空間

　私たちの一生には，誕生から死までの周期的な変化であるライフサイクル（生活周期）がある。多くの人は結婚を機に，その夫婦を基本とする周期的な変化であるファミリーサイクル（家族周期）に従って住まいや生活環境を検討している（図4-1）。例えば，夫婦2人きりで，天寿をまっとうする場合や，複数の子どもを産み，育て，子どもたちの独立を見守るなど，状況は家族ごとに異なる。また，子どもを育てるといっても，年齢によって住まいに対する要求は大きく異なるため，時間の経過や変化内容，重視するものも家族ごとに違いがある。住まいには，ファミリーサイクルのどの段階にあるのかを十分に考慮し，各段階での住まいへの要求を丁寧にくみ取った工夫が重要である。

　また，人の一生の軌跡や家族の形が画一的な周期ではとらえられない場合も増加している。そのため，同じ歴史を共有した同世代コーホート（同時代に生まれた人びとの集団のこと）に共通する軌跡や，結婚，出産，仕事の仕方など，さまざまなライフイベントの選択によっても，住まい方や住要求が大きく変化する。

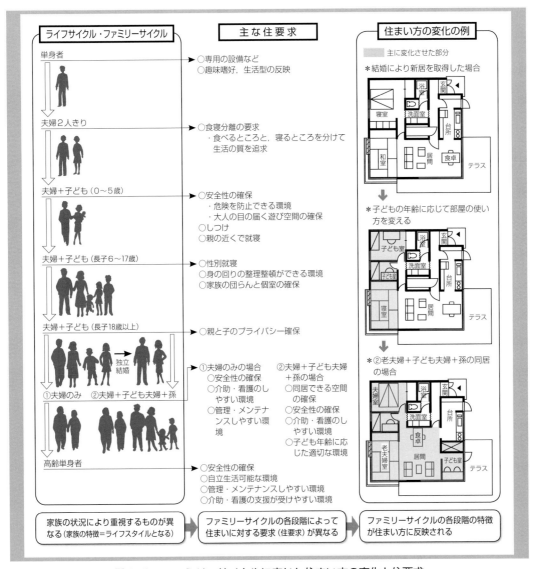

図4-1　ファミリーサイクルに応じた住まい方の変化と住要求
出典）住まい15章研究会編：『住まい15章』，学術図書出版社，p.17（1992）を参考に作成

（3）住まいの機能や役割の変化

　私たちが住まいで営む生活は，長い年月を経て徐々に変化している。これまでの住まいは，生活の場として，また，伝統的な生産活動の場，地域とのつながりもある冠婚葬祭の場としての機能も果たし，住まいを中心とした家族，地域とのつながりも強いものであった。しかし，家族規模が縮小し，核家族化が進行した現代では，家庭で育まれる文化や習慣，伝統などの世代間伝承が減少している。また，女性の社会進出やさまざまな機器製品の技術革新に伴って，住まいでの生活行為は効率化が重視されるようになり，多くの機能が外部化・社会化しているといえる（図4-2）。

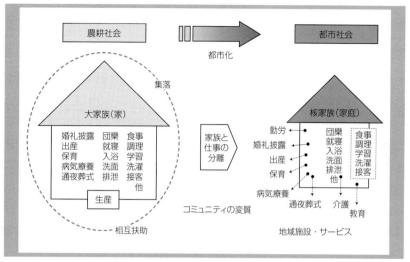

図4-2　住居機能の変化（社会化・外部化）
出典）定行まり子・沖田富美子編著：『生活と住居』，光生館，p.5（2013）

コラム　住まいについて知ろう

　わが国では，若い頃は賃貸住宅に居住し，子どもの誕生や成長に合わせて持ち家を取得するといった居住のパターンが定着し，戦後の高度経済成長期から今に至るまで，庭付き一戸建て住宅に住むことが多くの人の理想とされてきました。しかし，現代では，少子高齢化や女性の社会進出，晩婚化などで，家族規模の縮小による親子の居住形態の変化などもあり，必ずしも庭付き一戸建てを目指すわけではなく，マンションへの住み替えや地方への転居，同居や別居，近居など住み方も非常に多様化してきているといえます。

　私たちは，一生涯のうちで，家族状況や仕事，経済的な影響を受けながら，その家族ごとの多様な住まいを選択して生活しているといえます。

　では，こうしたさまざまな住まいは，どのような材料で建てられ，構法や構造はどうなっているのか，考えたことがあるでしょうか。住まいの建て方，所有形態・構造や構法を知ることは，快適性や安全性のために必要なばかりでなく，後述する管理やメンテナンス，増改築などの際にも重要になります。自分がこれまで住んできた住まい，あるいはこれから選ぶ住まいについて知り，よりよい住まいを考えていきましょう。

住まいの分類例

主な分類		特徴
建て方	戸建住宅	1つの敷地に1つの世帯が居住し独立して建てられた住宅
	集合住宅	複数の住戸が集合して1棟を構成する住宅（専有部分と共有部分がある）
所有形態	持ち家	自ら所有する家。土地は借地の場合もある
	借家	借りて住む家。公的（公営・UR都市機構等）・民間がある
	給与住宅	社宅や官舎。企業，団体，官公庁が従業員や職員を居住させる住宅
構造・構法	木造住宅	木材を主要部材とした住宅。在来軸組構法や枠組壁工法などがある
	鉄筋コンクリート構造（RC造）	鉄筋コンクリートで被覆した構造。ラーメン構造や壁式構造などがある
	プレハブ工法	事前に工場で生産された部材やユニットを現場で組み立てるもの

1. 住まいの役割と機能　133

ワークシート ● *あなたの住まいについて調べてみよう*

〈事例〉

川本博さんは大学生になって初めて、これまで家族と暮らしていた戸建て住宅から離れて、アパート暮らしを始めました。今のアパートは、2階建てで、川本さん以外に、単身または2人で暮らしている方が、10世帯あります。ある日、川本さんのアパートの設備定期点検に関する案内が配布されました。その案内には、アパートの規模や構造、必要な点検項目が書かれていて、今まであまり建物に関心がなかった川本さんは、実家で暮らしていた住まいと現在のアパート、大学などの建物によって、いろいろな違いがあることが気になりました。

作業

川本さんは、今後の住まい選びも視野に入れて、実家、現在のアパート、大学の3つの建物について調べてみることにしました。以下、川本さんの調べた表を自分自身に置き換えて修正し、埋めてみましょう。

住まい	①実家	②現在の住まい	③大学	④	⑤
建物の分類	一戸建て	アパート 集合住宅	学校施設		
所有状況	所有（父）	借家	学校		
構造・工法	木造	鉄筋コンクリート造	鉄筋コンクリート造		
階数	2階建て	2階建て			
部屋数					
土地面積					
建物面積（数階ある場合はフロアごとの面積）					
居住者（または、利用者）	家族	自分			
具体的な居住人数（利用人数）	4人	1人			
建物の特徴 ・構造上よいところ ・改善が望ましいところ					
居住性の評価					
広さの評価					
地域環境や利便性の評価					

＊②の現在の住まいが、①と同じ家族と暮らす実家の場合は、記入する必要はありません。
＊③には、学生の場合は、通っている学校について、働いている場合は、職場の建物、④⑤には、その他、規模や構造に違いがあると思う建築物について思いつくものをあげて調べてみましょう。

2. 住生活と生活空間―生活空間と動線計画

(1) 空間と人の動き

　私たちは，毎日の生活の中で，食べる，寝る，排泄するなどの生活行為を行っている。これらの行為は，いくつかの組み合わせによって行われるが，快適に効率よく動作するためには，必要な空間量やその配置を検討することが大切である。

　動作に必要な空間は人の各部位の大きさ（人体寸法）を基準に考えられている（図4-3）。人体寸法は，人によって異なるため，身長や体型，年齢や性別によっても空間量が変わってくる。また，共に生活する人の人数などによって空間を検討する必要があり，視覚などの感覚的な生理的寸法や，快適性を左右する心理的寸法などとの関連も考慮する必要がある（図4-4）。

　さらに，空間の快適性は，いすやテーブルなどの家具（生活財）の大きさや量によっても左右される。生活財は，住み手の好みや利便性，生活様式にも影響を受ける。生活様式は，立ったり座ったりといった起居様式や空間のつくり方，生活財の配置の仕方によって異なり，図4-5に示すように大別される。

　ユカ座は，日本独特の畳と襖，障子などの和風の生活にかかわりが深く，座卓や座布団を利用して床面に直接座ったり，あぐらをかいたりする姿勢での生活行為を中心とする。イス座は，ベッドやいす，テーブルといった洋風家具の導入によって普及したもので，床面に家具を置いて利用することを中心とした生活様式である。ユカ座，イス座のそれぞれに長所・短所があることや，住み手の趣味嗜好，空間の使用目的などによって快適な生活様式を選ぶことが重要である。体への負担軽減や快適性などからイス座とユカ座を使い分けたり，組み合わせて利用するなどの工夫が望ましい。

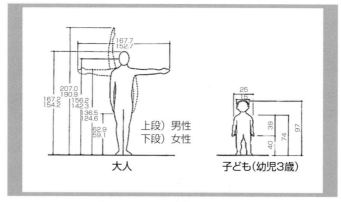

図4-3　人体寸法

出典）岩井一幸・奥田宗幸：『図解 住まいの寸法・計画事典』，彰国社，p. 52, 53, (2006)

2．住生活と生活空間―生活空間と動線計画　　*135*

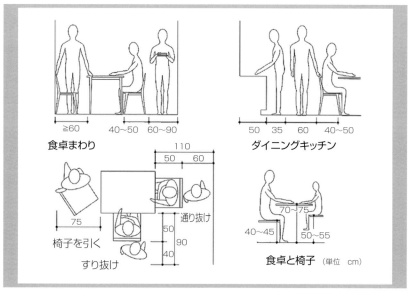

図 4-4　食事の空間と寸法例
出典）佐々木誠ほか：『住むための建築計画』，彰国社，p.49（2013）

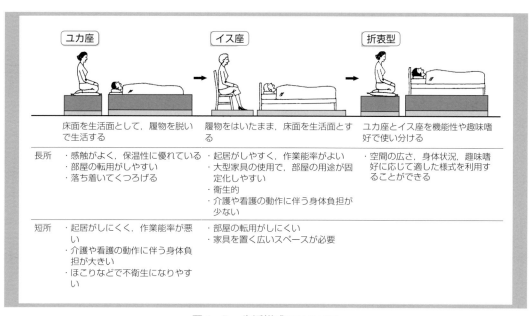

図 4-5　生活様式のいろいろ
出典）川崎衿子・水沼淑子編著：『ライフスタイルで考える 和・洋の心を生かす住まい』，彰国社，p.46（1997）を参考に作成

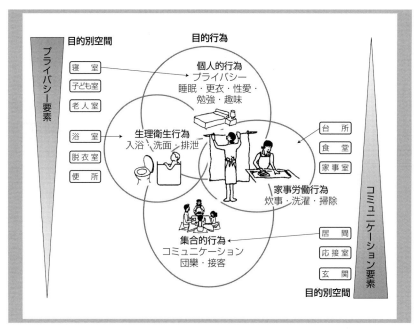

図4-6 目的行為と空間の構成

(2) 生活空間の構成

1) 住まいの中の空間 (部屋)

　生活空間は，①コミュニケーション（集合的行為）のための空間，②プライバシー（個人的行為）の空間，③家事労働行為の空間，④生理衛生行為の空間，に大別することができる（図4-6）。これらの空間は，廊下や階段など，⑤移動や連結のための空間によって結びつけられている。

2) ゾーニングと動線計画

　さまざまな目的の空間が，住まいの中でどのように配置されているかを示すものが間取りである。目的に応じた空間があっても，その配置が適切でないと無駄な動きが多くなり，安全で快適な生活を送ることができない。そのため，似たような目的を果たす空間（部屋）をまとまりにしてゾーンをつくり，配置を考えるゾーニングが重要である。また，ゾーニングと合わせて，生活する人の動きがなるべく単純でスムーズになるように動線を計画することも必要である。動線は，動く回数を太さで表し，移動の距離を線の長さで表現する。住む人の年齢や人数によって，空間配置や動線計画は大きく異なるため，ファミリーサイクルに応じて検討する必要がある。

ワークシート あなたの住まいの中の空間（部屋）を分析してみよう

作業1
サザエさんの家の間取りを参考に，自宅にある部屋とその配置をスケッチしてみましょう。

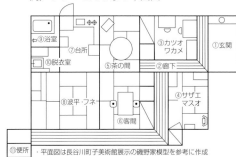

例）サザエさんの家の平面図

ここでは，寸法や図面の約束事は考えず，家の中にある空間（部屋）をかき出し，それをつなげてみるとわかりやすい。

作業2
下の表（A：行為ごとの分類，B：各空間の大きさの確認，C：主に使用する人）を，例を参考に考えてみましょう。

作業3
A～Cまでの内容をもとに，D（住空間の評価）を考えてみましょう（使用する人の年齢や性別，広さとの関係，部屋の配置，ファミリーサイクルごとの空間の使い方など）。

例：サザエさんの家

	A：空間（部屋）の分類	B：大きさ	C：主な使用者	D：住空間の評価
集合的行為の空間	⑤茶の間	6畳	家族・来客	・子どもたちが成長すると手狭。 ・コミュニケーションを取りやすい広さ。
	⑥客間	6畳	来客	・廊下を使用して玄関から直接客間へ案内可能。 ・廊下を使用して便所への動線がわかりやすい。 ・お茶などの接待がしやすい（台所と茶の間が近い）。
家事労働行為の空間	⑦台所	6畳	フネ・サザエ	・茶の間にいる子どもたちとコミュニケーションを取りながら作業できる。・食事の配膳がしやすい（台所と茶の間が近い）。
生理衛生行為の空間	⑨浴室	2畳	家族	・台所を通過して使用しなくてはならない。
	⑩脱衣室	2畳	家族	・台所を通過して使用しなくてはならない。
	⑪便所	2畳程度	家族・来客	・茶の間や子ども部屋，サザエさんの部屋から遠い。
個人的行為の空間	⑧波平・フネの部屋	8畳	波平・フネ	・将来，高齢になるとユカ座様式では不便。
	④サザエ・マスオの部屋	6畳	サザエ・マスオ・タラオ	・タラちゃんが成長すると手狭。
	③カツオ・ワカメの部屋	4畳	カツオ・ワカメ	・子どもが成長すると手狭。・性別就寝が望ましい。 ・玄関から直接子ども部屋に入ることができる。
その他の空間	①玄関		家族	・茶の間と玄関の配置が適切。
	②廊下		家族	（玄関の出入りを感じながら茶の間を利用できる）

あなたの住まい

	A：空間（部屋）の分類	B：大きさ	C：主な使用者	D：住空間の評価
集合的行為の空間				
家事労働行為の空間				
生理衛生行為の空間				
個人的行為の空間				
その他の空間				

ワークシート ● 金山さんの生活空間と動線について調べてみよう

〈事例〉
実習生の秋山仁美さんは，居宅介護で金山トメさんのお宅に伺います。金山さんは，2階建ての木造戸建て住宅に娘さんと2人で暮らしています。日中は，娘さんが仕事に行くため，金山さんは1人で過ごしています。秋山さんは広いお宅で日常生活を行う金山さんの動きが気になり，生活空間や生活動線について考えてみることにしました。

作業1

平面図に，金山さんのみが使用する生活空間，娘さんが主に使用する生活空間，2人が共有する生活空間を色分けしてみましょう。

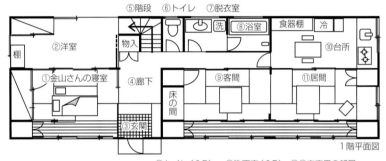

作業2

次の①〜⑤の行動をとる場合の金山さんと娘さんの動線を，平面図に色分けして書き込んでみましょう。

① 金山さんが，居間からトイレに行き，用を足してから寝室に戻る。
② 金山さんが，居間から台所に行き，娘さんの用意していった昼食を食べるため，冷蔵庫・ダイニングテーブルを数回往復して，食べ，流しに食器を置いて，居間に戻る。

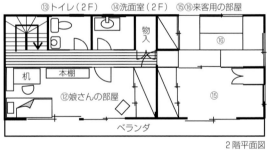

③ 娘さんが，玄関から帰宅し，居間にいる金山さんと話した後，台所に行って買い物をした食材を冷蔵庫にしまい，自分の部屋に着替えに行く。
④ 娘さんが，金山さんの部屋に行き，デイサービスに行くための身支度を手伝い，トイレへ金山さんを誘導してから洗面所に行き，自分の身支度をし，トイレに金山さんを見に行く。
⑤ 金山さんが寝室からトイレに行き，入浴のため浴室に行き，入浴後，歯磨きをして寝室に行って，就寝した。その様子を，娘さんが見守りのため一緒に行動した。

作業3

これまでの作業から，金山さんの住まいの生活空間の構成や動線の状況について気がついたことをあげてみましょう。

---

3. 住まいの室内環境

　高温多湿の気候に応じて夏の暑さ対策を重視してつくられた日本の住まいでは、特に、冬場の温熱環境への配慮が必要であり、快適に過ごすための工夫が欠かせない。今日の住まいは、冷暖房設備や空調設備の普及によって、四季を問わず、快適な室内環境を人工的につくり出すことが容易になっている。そのため、機器に頼るばかりでなく、できるだけ自然環境を取り入れた室内環境の工夫も、環境問題対策として必要である。ここでは、私たちの生活に必要な生活環境について考えてみよう。

(1) 光（採光・照明）

　毎日の生活では、適度な明るさが必要である。明るさは、照度（光を受ける面の単位面積当たりの光の量。単位はlx：ルクス）で表現される。主に、太陽光と人工照明とに大別される（表4-2）。生活に必要な明るさを知り（図4-7）、適切な光環境を整える必要がある。

表4-2　光の分類

太陽の光（昼光）		人工的な光（照明）	
天空光	直射日光	全般照明	局部照明
空全体の明るさ	太陽からの直接の光	部屋全体を照らす光	作業面を照らす光
	・殺菌作用が強い ・まぶしさ（不快グレア）を生じるので、採光には適さない ・方向性が強く不快感を感じることがある	・人工照明の光源として、白熱灯と蛍光灯がある ・光の色やエネルギー消費量に違いがある ・照明器具の工夫が有効	
・光は昼のみで天候や季節などに左右される ・採光用の窓などの大きさ、メンテナンス状況、形によって光の量が異なる ・建築基準法では、住宅居室の採光用の窓の程度が床面積の1/7以上必要とされる ・照明効果を考え、光の遮蔽や調節をする（すだれ等の利用）		・時間や場所に左右されず安定して使用できる ・位置や場所に配慮する（手暗がり等に注意） ・全般照明と局部照明のバランスの検討が必要である（全般照明は、局部照明の1/10以上の照度が望ましい） ・照明効果を考え、光の遮蔽や調節をする（カーテン等の利用）	

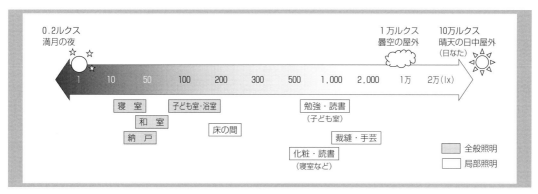

図4-7　照度基準

出典）日本建築学会編：『コンパクト建築設計資料集成〈住居〉』、丸善、p.159（1995）を参考に作成

（2）温度（冷房・暖房，通風・換気）

1）冷房・暖房

　人は，周囲の自然状況や室内温度に対して暑い，寒いといった判断をし，体の中でエネルギー（熱）を生産し，それを放出して体温調節をしている。人の体温調節には，温度，湿度，気流，輻射熱（周囲の表面温度）の4つの要因が関連している。室内の温熱環境は，四季や時刻，建物の建て方や近隣の自然環境にも影響を受ける。そのため，冷房・暖房によって，室内温度を調節し，加湿器，除湿器を用いて乾燥防止や除湿を検討することが一般的である。現代では，地球環境への配慮も重視され，温暖化への対策も進んでおり，建物の断熱や気密性に応じた床・壁の材質や風の流れを考えた窓の検討などがされている（図4-8，4-9）。

　また，在宅時間の長い子どもや同じ居室で長時間過ごす病人や高齢者などは，室内の温熱環境が健康状態や生活の快適性，安全性を大きく左右することになる。そのため，温湿度計などを利用して室内温度を調整できるようにし，冷暖房が直接，身体に当たらないような配慮も必要である。乳幼児のおむつ交換や，病人や高齢者の居室で排泄や清拭などを行う場合は，臭気に対する配慮も必要となる。特に冬場は，換気によって室内の温まった空気が外部に逃げてしまわないよう工夫することや，居室と廊下，トイレ，浴室などの急激な温度差が生じないようにすることが望ましい。冬場の住宅内の温度差のように，急激な温度変化が発生すると，血圧の急変などの身体への影響が起こり，脳卒中や心筋梗塞などを引き起こす場合がある。これをヒートショック現象と呼び，特に注意が必要である。

2）通風・換気

　空気の流れをつくるための換気も必要である。換気は，主に室内に新鮮な空気を保持するために行うもので，自然換気と機械換気に分類される（表4-3）。これは，住み手の健

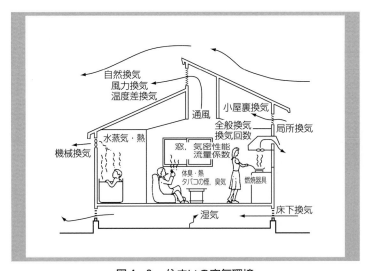

図4-8　住まいの空気環境

出典）日本建築学会編：『コンパクト建築設計資料集成〈住居〉』，丸善，p.161（1995）

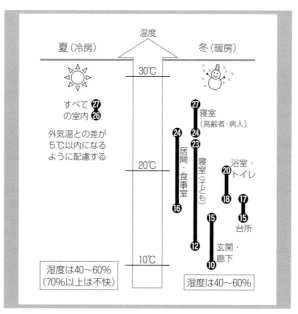

図4-9 望ましい温度と湿度

出典）大須賀常良：『住居学』，彰国社（1966）を参考に作成

表4-3 換気の分類

換気の分類		主な特徴
自然換気	窓などを利用した風の流れ（通風）による換気	・風の流れを十分に考慮する ・建築基準法では，床面積の1/20以上の面積をもつ換気に有効な窓の設定が義務づけられている ・換気回数は，1時間当たりの換気量を室面積で除した値で，室内を清浄な空気状態に保つためには，1時間に20～30（m^3／人）の換気量を必要とする
機械換気	人工的に風の流れをつくる換気（換気扇など）	・室内の冷暖房効果に影響する ・湿度の変化による結露やカビが発生しやすいので人体や住居への対策としても利用する ・現在の住居は気密性が高いため機械換気を有効に利用することが必要 ・換気扇などは排気口と給気口を考える ・騒音を伴うことがある ・消音の工夫や設置場所の配慮が必要

康はもちろん，建物の部材が腐朽する原因となるカビや結露を防ぐためにも必要である。

また，最近では，シックハウス症候群と呼ばれる健康被害についても注意が必要である。これは，住まいに使用される住宅建材や家具製造時に使用される接着剤や塗料に含まれるホルムアルデヒドなどの揮発性化学物質等によって室内空気が汚染され，めまいや倦怠感，アレルギーなどを引き起こすもので，気密性の高い最近の住まいでは特に注目されている。換気や通風の工夫によって，新鮮な空気を室内に保つことで，健康に生活するための配慮が望まれる。

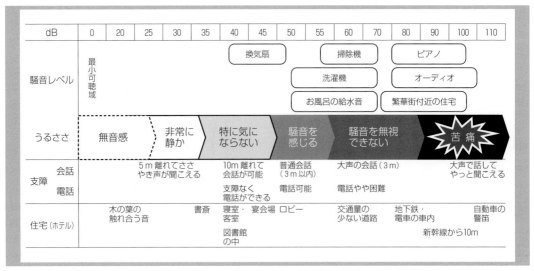

図4-10　騒音の許容値
出典）日本建築学会編：『コンパクト建築設計資料集成〈住居〉』，丸善，p.158（1995）を参考に作成

（3）音（騒音）

　毎日の生活行為では，何らかの音が伴う。音は，人が耳で感じる音の大きさ（dB：デシベル）で表現され，音源からの距離や風向き，遮蔽物の状況に影響を受ける。音の感じ方には個人差があり，快適に感じる音と不快に感じる音の種類にも違いがある。特に，集合住宅では，不特定多数の居住者がいるため，壁を挟んで聞こえる隣家の会話や食器の音，上階の人の足音などが伝わってくることもあり，騒音を原因とした近隣トラブルは意外と多い。音に対するトラブルには，特に配慮が必要といえる（図4-10）。生活サイクルが変則的な場合は，夜間や早朝の音には特段に気をつけなければならない。

　騒音に対しては，音源を減らす配慮や，音の伝わり方に対する防音対策が有効である。防音サッシや防音ガラスなどの利用で密閉性を高めることや，吸音効果のある材質を用いるなどの工夫も重要である。また音は，その大きさ以外に，音が発生する時間や頻度，周辺環境，生活習慣などとの関連もあるため，音に対するマナーや心配り，ルールづくりが必要である。

　難聴者には，音に対する個別の配慮が必要である。補聴器は，多くの場合，必要以外の音も増幅されやすいため，床材などは吸音性のある材質にするとよい。また，音の聞こえる範囲（可聴域）が狭い高齢者の場合は，会話の際には，窓を閉めて騒音を防ぎ，聞き取りやすい環境をつくるなどの工夫が効果的である。

3．住まいの室内環境　143

ワークシート ● 川本さんの室内環境について考えてみよう

〈事例〉
　川本博さんは，大学生になってアパートで一人暮らしを始めました。ある日，友だち2人が泊まりにくることになり，川本さんの家で，焼き肉を楽しみました。楽しい話で盛り上がった3人は，窓を開けたまま大声でおしゃべりし，音楽を聴きながら深夜までにぎやかに過ごしました。川本さんは，翌日，大家さんより近所の住民から「深夜まで音がうるさく，食事のにおいもひどかった」とクレームがあったと知らされ，アパート内での生活のマナーについて，きちんと考えるよう注意されました。

作業1
　川本さんは，今回注意されたことについて，どんな配慮が必要だったかを考えてみました。あなたが，川本さんだったら，今回の行動をどのように分析し，どのような改善や対策ができるか空欄を埋めてみましょう。

	近所にご迷惑をかけてしまった原因	注意すべきこと・改善・対策
音について	・友人と大声で話していた	
	・盛り上がって大音量で音楽を聴いていた	
	・窓を開けたままだった	
	・ご近所が就寝する時間帯まで騒いでいた	
	・狭い部屋に友人を複数よんだ	
	・ご近所が就寝している時間帯にシャワーを浴びた	
においについて	・換気扇をまわさずに調理をしていた	
	・窓を開けて長時間調理していた	

作業2
　川本さんは，今回，音やにおいについて考えるよいきっかけになり，自宅の室内のほかの場所について，自分が気になっていたことをリストアップし，室内環境の見直しをしてみることにしました。以下のリストをみて，どのような改善・対策ができるか考えてみましょう。

心配なこと	注意すべきこと・改善・対策
①冬は暖房器具としてエアコンを使うが，足元がなかなか暖かくならず寒い。	
②冬は暖房器具と加湿器を使用するが，時々，朝方，窓に結露がひどく，放置してカビが生えた。	
③翌日すてるゴミをまとめて玄関に置いて寝ると，においが残ってしまう。	
④時々，上階の人の足音や食器の音が聞こえてくる。自分も下の階の人に不快な生活音を感じさせているかもしれない。	
⑤夏場は，南からの日差しが強く，冷房してもなかなか室温が下がらない。	

4. 住まいの維持管理

(1) 住まいの寿命

　私たちが生活する住まいにも，人間と同じように寿命があり，これを耐用年数と呼ぶ。木造や鉄筋コンクリート造などの構造上の物理的な寿命である物理的耐用年数，新しい設備機器の導入や生活様式の変化による機能的耐用年数，道路や堤防建設などの社会的要請による社会的耐用年数など，さまざまなものがあり，本来の耐用年数を迎える前に取り壊される場合もある。住まいの老朽化を防ぎ，生活する私たちの安全と快適性を維持し，耐用年数を延ばすためには，日常生活の管理や定期的な点検・修理が必要であり，こうした手入れをメンテナンスという。耐用年数は，建築材料や立地状況，メンテナンスによって大きく左右されるため，私たちは，住まいの状況をよく知って，どのようなメンテナンスが有効かを考える必要がある。

(2) 点検・補修・修繕

　快適で安全な生活を保ち，建物の性能を低下させないためには，住まいの傷みに対応し

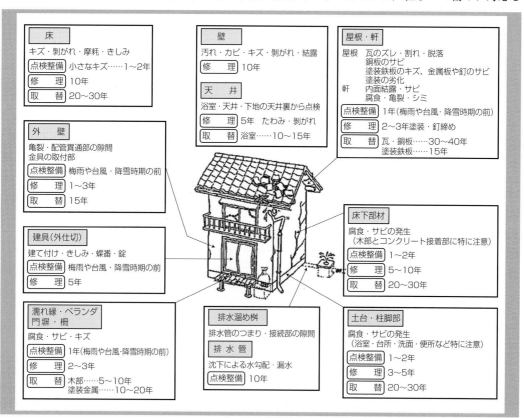

図4-11　住まいの周期点検箇所とそのポイント
出典）国民生活センター編：『くらしの豆知識』(1982)を参考に作成

た点検・補修・修繕が重要である。1年を通して，気候や地域状況による影響を考え，計画的に定期点検を行うことが望ましい。特に，梅雨や台風，降雪の時期の前には事前の定期点検によって，危険箇所や老朽化の程度を知ることが可能となり，安全性の意味でも，経済的にも効果的である（図4-11）。特に，日本は高温多湿の気候で，住宅内の結露などを招く湿気対策や，シロアリ，ネズミなどの虫害などへの対策も考える必要がある。

（3）日常的な掃除

日常的な掃除では，住まいにある汚れがどのようなものかを知り，適した洗剤と掃除用具を利用して，効率的に掃除することが重要である。

住まいの汚れは，①空気中のほこり（ハウスダスト），②人や動物の接触による汚れ，③水や湿気による汚れ（カビ，シミなど），④薬や薬品による汚れ，⑤光による変色や変質などがあげられる（表4-4）。

掃除では，汚れの原因に合わせて，適切な用具を用いて手入れを行うことが重要である。上部から下部へ，内側から外側へといった手順を守り，畳や板の間では目に沿って行うことが段取りよく進めるためのポイントである（表4-5，図4-12）。

また，汚れを効果的に落とすために，洗剤を使用するとよい。洗剤の使用では，汚れの種類に応じた液性のものを選ぶことが重要で，必ず家庭用品品質表示法に基づく表示を確認して，正しい使用方法に従って使う必要がある。正しく使用しなかったことで思わぬ事故や住まいを傷つける原因になることもあるので，十分な注意が必要である（図4-13，表4-6，図4-14，4-15）。

長時間居室で過ごす高齢者や病人の場合は，掃除のための換気によって，暖まった室内に冷たい外気が急に入らないように注意が必要である。また，掃除中は，室内にほこりが

表4-4　汚れの種類と状態

のっている			入り込んでいる	
のっている	吸いついている	べたついている かたまっている	入り込んでいる	生える
浮遊して簡単に飛散する	静電気や磁力などで付着	粘性があるモノが表面についている乾燥している	液体が中に入り込んだ状態	カビなどの微生物が入り込んだ状態
床のほこり 食品カス・糸くず・髪の毛など	テレビ画面のほこりなど	キッチンの油汚れ トイレの尿石・窓の外側の汚れ・浴室の皮脂・垢など	トイレの床 尿はねなど	浴室のパッキン カビなど

軽い汚れ　←　　　　　　　　　→　ひどい汚れ

出典）Lidea ホームページ「お掃除」（https://lidea.today/）を参考に作成

表4-5　掃除の手順と基本ルール

掃除の手順
①汚れの種類を知る
↓　汚れは，場所によってその性質が違い，掃除の仕方も違ってくる。
②掃除する場所・モノの材質を知る
↓
③適切な洗剤・道具を選ぶ
↓　特性や取り扱い方を知り，洗剤と掃除用具を効果的に使用する。
④効率よく掃除する

掃除の基本ルール
①上から下へ
ほこりは，上から下へ落ちていくので，掃除の際は，高いところから始め，順に低いところへ進めていくと効率的。
②奥から手前へ・隅から広いところへ
奥から手前に汚れをかき出すと効率的。出口から遠い奥から始め，出口に向かって進むと掃除したところを踏まず仕上げられる。
③軽い汚れからひどい汚れへ
洗剤は，直接汚れにかけると材質を傷つけてしまうこともあるので，スポンジや雑巾につけてから使うとよい。 　隅や狭い面で汚れ落ちを確認しながら全体を掃除する。洗剤が合わない場合もあるので，軽い汚れで試してから強いものに変えていくとよい。

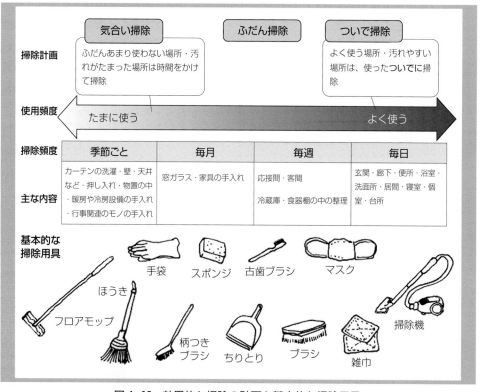

図4-12　効果的な掃除の計画と基本的な掃除用具

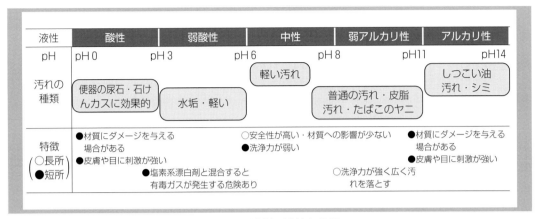

図 4-13　洗剤の液性と特徴

出典）ダスキン：「おそうじ大辞典」（https://www.duskin.jp/jiten/）を参考に作成

表 4-6　いろいろな洗剤

		特　徴
合成洗剤		界面活性剤を主成分とし，汚れの種類に合わせて液性があり（酸性・弱酸性・中性・弱アルカリ性・アルカリ性），汚れに適した洗剤を選んで使用する。
洗浄剤		酸やアルカリの化学作用でしつこい汚れを落とす。合成洗剤よりも強力なので，説明書きをよく読んで使用する必要がある。
研磨剤		こびりついた汚れを落とすのに効果的。粉末とクリームとがある。
漂白剤		化学反応によって，シミや汚れの色素を分解して白さを回復させるもの。
	酸素系	主成分は過炭酸ナトリウム。塩素系より効き目が穏やかで，においがなく安全。脱脂力が強く頑固油汚れに効果的。
	塩素系	主成分は次亜塩素酸ナトリウム。漂白力が強く，カビ汚れに適している。ツーンとしたにおいが特徴。
	還元型	鉄さび汚れを取るのに適している。塩素系漂白剤や鉄分で黄色に変色したものをもとに戻す。

出典）ダスキン：「おそうじ大辞典」（https://www.duskin.jp/jiten/）を参考に作成

浮遊するので体調に影響がないように気をつけたい。

　集合住宅の場合は，入居時の取り決めに従ってルールを守って管理することが必要である。近隣への配慮から，水をまくことやほこりが舞い上がる掃除ができないこともある。掃除は，同じ場所でもいろいろなやり方があるので，適した方法の検討が必要である。

　高性能の部材が多く取り入れられ，気密性が高くなっている今日の住まいでは，シックハウス症候群などが心配されている。これは，ホルムアルデヒドなどに代表される新建材に含まれる揮発性物質によるアレルギーなどの健康障害で，抵抗力の弱い子どもや高齢者の被害が多く，健康に配慮した衛生管理の意味でもメンテナンスは重要といえる。

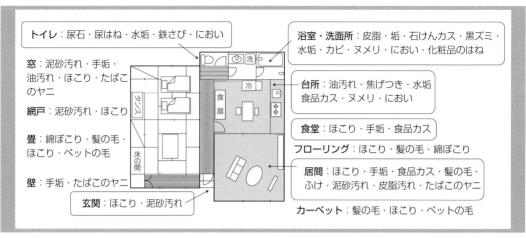

図4-14 部屋ごとの主な汚れの例

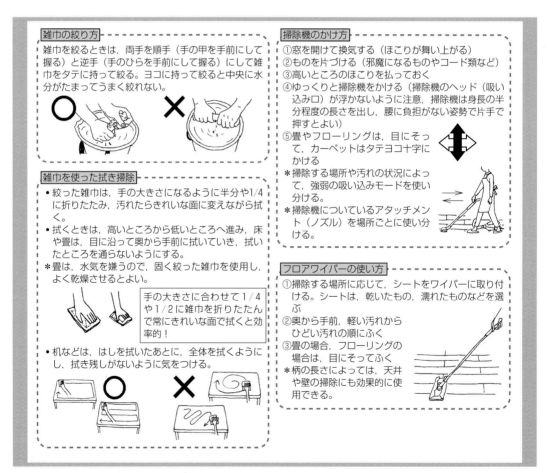

図4-15 掃除の基礎知識
出典）花王：「マイカジスタイル　掃除ガイド」（http://mykaji.kao.com/）を参考に作成

4．住まいの維持管理

ワークシート ● 小林さんのトイレ掃除について考えてみよう

〈事例〉
　大学生の小林昭一さんは，大学の近くにアパートを借りて一人暮らしをしています。ある日の週末，実習中は忙しくてできなかったトイレの掃除をすることにしました。ちょうど，今まで使っていたトイレ用洗剤がなくなってしまったので，新しい洗剤を購入し，必要な掃除用具を準備して掃除を始めました。
　新しく買った洗剤を使って便器をいつものように掃除してみましたが，汚れが落ちないので，少しだけ残っていた古い洗剤を追加して使用しました。少しすると，小林さんは，気分が悪くなり，息苦しくなってしまいました。

作業1
小林さんがトイレ掃除のために用意したと思う掃除用具をあげてみましょう。

作業2
小林さんが効率よくトイレ掃除をするための手順について考えてみましょう。

作業3
小林さんが使用した洗剤で，新しい洗剤には「塩素系トイレ用洗剤」，古い洗剤には「酸性トイレ用洗剤」と書かれていました。小林さんが，掃除中に気分が悪くなった理由と，何に注意するべきだったかを考えてみましょう。

① 気分が悪くなった理由

----

② 気分が悪くなるような洗剤の使い方をしないための注意点

150　Ⅳ．住生活

ワークシート● 山口さんの集合住宅の管理について考えてみよう

〈事例〉
　ある日，実習先の有料老人ホームの正面玄関の掃除をしていた南かおりさんは，入居されている山口しずさんに呼び止められ，山口さんが以前住んでいたマンションの掃除についての話題になりました。山口さんが暮らしていたマンションには，掃除の仕方や建物管理について，住民同士の取り決め事項があり，管理のための組織もあったそうです。マンションのような集合住宅に住んだことがなかった南さんは，その内容を聞いて，住まいの形態によって管理の仕方にも違いがあり，そのルールに従うことが大切だと感じました。

　南さんは，山口さんの話を聞いて，集合住宅の管理について調べてみることにしました。南さんが調べたことや，マンション居住者実態調査の結果をみて，集合住宅の特徴やトラブルについてわかったことを参考に次頁の作業1・2をしてみましょう。

●南さんが調べた内容

〈集合住宅の特徴〉
・家族構成や価値観が違う不特定多数の人が集まって住んでいる。
・住み手の占有スペースと住み手が共有して使う共用スペースがある。
・占有スペースは，住み手の判断・責任で管理する。
・共用スペース・建物のメンテナンスや使い方，居住者同士のルールや決まりについて居住者が協力して考える。
・分譲マンションの場合は，「建物の区分所有等に関する法律」に基づき占有スペースと共用スペースがある。
・居住者は，管理組合をつくって運営し，居住者自らが管理を行う場合と管理業務を業者に任せるケースなどもある。

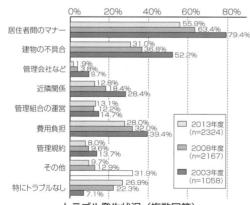

トラブル発生状況（複数回答）

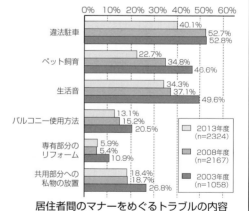

居住者間のマナーをめぐるトラブルの内容（複数回答）

出典）国土交通省住宅局市街地建築課マンション政策室：『平成25年度マンション総合調査結果報告書』，p.9（2014）

作業 1
　南さんが調べた内容を参考に，集合住宅には，山口さんが住んでいたようなマンションのほかにどのような住まいがあるかあげてみましょう。

作業 2
　南さんが調べた内容を確認し，以下の項目について，集合住宅で生活したり生活支援をする際に注意すべきことをあげてみましょう。

① 日常生活での注意

---

② 共用部分を使用する際の注意

---

③ 点検・補修・メンテナンス・日常的な掃除の注意

---

5. 住生活と安全—安全に暮らすための生活環境

私たちの日常生活では、安全を脅かすさまざまな現象がある。ここでは「犯罪と防犯」「災害と防災」について考えてみよう。

(1) 犯罪と防犯

空き巣や窃盗などの犯罪から家族の安全や財産を守るための防犯対策では、住まいの状況を把握して、犯罪にあいにくい環境をつくることが重要となる。警視庁の調べによると、住宅への侵入被害では、鍵をかけない無締まりが最も多く、次いでガラス破りとなっている（図4-16）。普段から防犯意識を高くもち、日頃からできる防犯対策を確認しておこう（表4-7）。

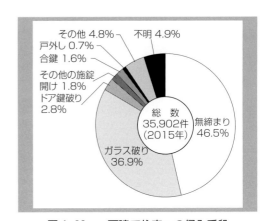

図4-16　一戸建て住宅への侵入手段

出典）警察庁：「住まいる防犯110番」より作成

表4-7　さまざまな防犯の工夫

外回り	①表札に家族のフルネームを載せない
	②庭の植栽を手入れする 侵入者の隠れやすい場所や外部からの死角にならないようにする。
	③2階への足場になるものを置かない 自転車やエアコンの室外機などを足場にして上階へ侵入することを防ぐ。
	④夜間、門灯やセンサーライトを利用する 人の視線の届かない死角や暗闇などを狙った侵入を防ぐ。歩くと音がする防犯砂利やセンサーライト、監視カメラ、門灯が効果的。
屋内	❶玄関や窓のロックを工夫する 玄関扉や窓を2重ロックにし、開錠に時間がかかるようにする。ピッキング対策の鍵を選ぶ。 玄関周辺に合鍵を隠したりせず、家族間できちんと管理する。
	❷外出時は短時間でも施錠する ごみ出しやちょっとした外出でもきちんと施錠する。
	❸カメラ付きインターホンや防犯カメラなどの利用 事前に留守の時間を調べたり、下見をする侵入者もいるため、顔が確認できる工夫も必要。
	❹留守だと悟られない工夫をする 長期不在の場合は、郵便物や新聞を事前にとめておく。 洗濯物を干したままにしない（外出時・夜間）。

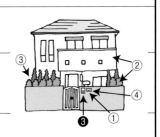

出典）警視庁ホームページ「侵入窃盗犯対策」を参考に作成

(2) 災害と防災

災害は大きく非常災害と日常災害に分けることができる。

1) 非常災害

非常災害には地震や豪雨等の異常な自然現象による被害である自然災害と，大規模な火事・爆発などの事故災害などがある。特に，日本は有数の地震国であり，地震による被害は，家屋の倒壊，破損，焼失などさまざまである。近年発生した地震でけがをした原因を調べると，家具類の転倒・落下・移動によるものが約30〜50％も占めている。家具などの転倒や落下によって火災などの二次被害を引き起こすことや，避難通路を妨げる事例も多い。そのため，普段から自宅の安全確保と災害時の避難経路や避難場所などを確認し，地域の防災計画などを調べて，いざというときの対策を講じておくことが重要である（表4-8，4-9，図4-17，4-18，4-19，表4-10）。

2) 日常災害

日常災害では家庭内事故が注目されている。これは，住まいの中で起こるさまざまな事故のことで，厚生労働省の人口動態統計によると，交通事故による死亡者数が減少傾向にあるのに対して，家庭内事故は増加している。特に，子どもや身体機能が低下した高齢者が被害にあいやすいという統計もある（図4-20）。

また，その発生場所は，ほんどが屋内で日常生活の場に多くの危険が潜んでいると考えられる。こうした家庭内事故は，①落下型，②接触型，③危険物型と大きく3つに分類される（図4-21）。

多くの家庭内事故の原因は，本人や保護者の不注意によるところも多いが，住まいの構

表4-8　さまざまな防災の工夫（火災）

防火の工夫
・発火防止のためコンセントにほこりやごみをためず，普段から掃除しておく。
・たこ足配線や古いプラグは熱をもつことがあるので注意する。
・コンロで火を使うときは，短時間でも目を離さず，離れるときは必ず消す。
・調理中に，洋服の袖口に火がつくようなことがないように注意する。
・仏壇のロウソクや線香など，長時間つけっぱなしにしない。
・マッチやライターなど，小さい子どもの手の届かないところに置く。
・火がついた状態で暖房器具を移動しない。洗濯物やスプレー缶など発火の原因になるものを近くに置かない。
・レンズと同じ働きにより太陽光線で発火する水槽やペットボトルに注意する。
・放火の原因になるような，燃えやすいものを家の周りに置かない。
・消火器を用意しておく。
＊消火器は，年月がたつと薬剤の効力が低下したり圧力が減ったりするので定期的に点検する。
火災が起きたら
・火災が起きたことを大声で周囲に知らせる。
・火災報知機や非常ベル，音の出るものをたたくのも効果的。
・避難するときは，とにかく早く逃げる。
・シーツや毛布などを水で濡らしてかぶり，炎から身を守る。
・炎によって熱せられた煙は，空気よりも軽いため，階上に進む。そのため口を覆い姿勢を低くして煙を吸わないように逃げる。
・冷静に落ち着いて119番通報する。

出典）総務省消防庁：『わたしの防災サバイバル手帳』(2010) を参考に作成

表4-9　さまざまな防災の工夫（地震）

家の中で揺れを感じたら
・座布団などで頭を保護し，丈夫な机の下などに隠れる。大きな家具から離れる。 ・割れたガラスが足に刺さったり，落下物でけがをする恐れがあるので注意する。 ・火事が発生したときは，落ち着いて火の始末をする。無理に火元に近づかない。 ・揺れがおさまったら，ドアを開けて出口を確保する。避難するときは，必ず靴をはき，防災頭巾やヘルメットをかぶり，非常持ち出し品など必要最低限のものを持ち出す。 ・ラジオなどを使って正しい情報を確認する。
街中や施設などで揺れを感じたら
・施設の誘導係員の指示にしたがって避難し，あわてて出口や避難路に行かない。 ・エレベーターでは，最寄りの階に停止させ，すぐに降りる。 ・街中では，倒れてきそうなものから離れ，看板や建物からの落下物に注意する。 ・落石やがけ崩れなどが発生しそうな場所から離れる。

出典）総務省消防庁：『わたしの防災サバイバル手帳』（2010）を参考に作成

図4-17　緊急時の知識

出典）日本放送協会：NHKそなえる防災『災害もしもマニュアル』

造や設備の不備などに起因する事故も多い。年齢や家族状況，住んでいる住まいの状況によって遭遇する危険は大きく異なる。わが国の住宅の多くは，伝統的な木造軸組工法によってつくられており，特に戸建て住宅に多い傾向がある。一方，集合住宅などでは，鉄筋コンクリート造や鉄筋鉄骨コンクリート造などでつくられるものが多いが，住宅内部の建具や設備機器などは戸建て住宅と同様に，日本の伝統的な住様式によって構成されていることが多く，家庭内事故の大きな原因として考えられる。安全な住環境を整備するため

5．住生活と安全—安全に暮らすための生活環境　155

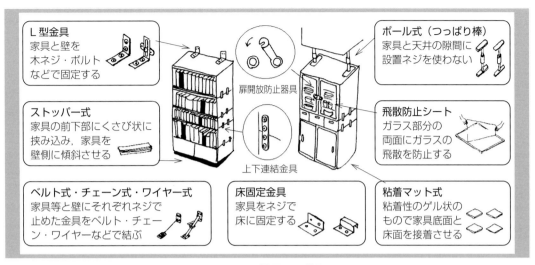

図 4-18　地震への備え

出典）東京消防庁パンフレットを参考に作成

図 4-19　家庭用防災グッズの例

出典）日本放送協会：NHK そなえる防災「防災グッズ家庭用」

表 4-10　防災の知識（家族で確認しておくこと）

災害発生時に家族で連絡を取れる手段を相談しておく
家族それぞれが別の場所で災害に遭遇してもお互いに安否確認できる方法や集合場所を決めておく。 ＊災害用伝言ダイヤル：大災害発生時に利用可能なサービス。局番なしの171に電話をかけると，音声ガイダンスに従って安否などの伝言を音声で録音することができる。被災者の家族などが全国どこからでもその伝言を再生し，安否確認ができる。一般の加入電話や公衆電話，一部IP電話から利用できる。 ＊災害用伝言板：携帯電話のインターネットサービスを活用し，被災地域の方が自ら安否を文字情報によって登録することができる。
ライフライン（電気・ガス・水道・通信など）が止まってしまうことを想定する
非常用品の備蓄や避難所で生活する場合に備えて，非常用持ち出し品を準備しておく。 〈備蓄品の例〉 　飲料水（1人1日2リットル程度。7日分程度）。食料（4〜5日分）：ご飯（1人5食分程度），ビスケット，板チョコ，乾パンなど（1人3日分程度）。下着・衣類・トイレットペーパー・マッチ・ろうそくなど

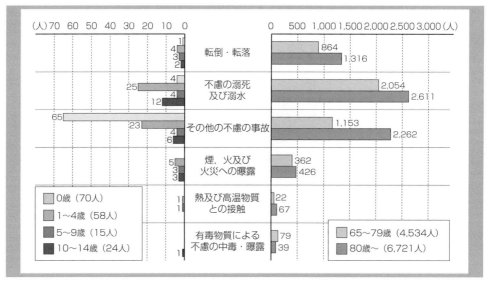

図4-20　家庭における主な不慮の事故死亡数

出典）厚生労働省：「人口動態統計」

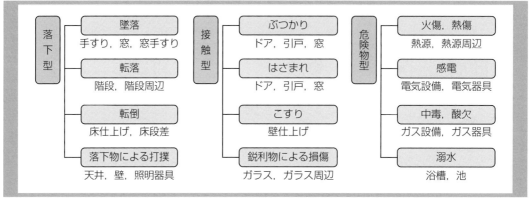

図4-21　家庭内事故の分類

出典）佐々木誠ほか：『住むための建築計画』，彰国社，p.54（2013）

に，家庭内事故に結びつく日本家屋の問題点を表4-11で確認しておこう。

　このような日常生活動作を妨げる住宅構造上の問題点をバリア（障壁）といい，こうしたバリアを除去しようとする「バリアフリー」の考え方は，「平成7年版障害者白書—バリアフリー社会をめざして」の中で，日本で初めて取り上げられて以来，多くの分野で注目されてきた。その後，バリアフリーの考え方をさらに進めて，最初からバリアをつくらず，高齢者や障がい者といった特定の人たちのための障壁除去のみならず，子どもや妊婦などすべての人にとって使いやすい住宅や環境を整えようとする「ユニバーサルデザイン」の考え方も浸透している。

　日常災害に結びつく日本家屋の問題点に加えて，私たちの日常生活における生活財の管理についても注目しておきたい。モノが豊かになる，手軽に欲しいものが手に入る今日で

表4-11 日本家屋の問題点

①段差が多い
高温多湿の気候の日本では，湿気対策のために地盤面から450mm離れたところに床面を設置することが建築基準法で定められている。そのため，主に1階床面までを450mm以上高く設置しなければならず，玄関上がり框などの段差が発生する。
②幅員が狭い
尺貫法（伝統的な日本の寸法体系で，基準寸法は910mm）を用いた木造軸組工法でつくられた住宅は福祉用具などを使用する際は，狭い。柱芯と柱芯の間の寸法を910mmの基準としてつくることによる。
③身体負担の多い生活様式
畳や床面に正座するなどの日本の伝統的な生活様式（ユカ座）を取り入れた住まいは，高齢者や障がい者にとって身体的なバランスを崩しやすく負担が多い。
④温熱環境への配慮不足
日本家屋は夏の暑さ対策を重視して造られてきたため，冬の寒さ，特に温熱環境への配慮が不十分になることが多い。特に，廊下やトイレ，浴室などの暖房が不十分で，居室間の温度差が大きくなり，身体負担が多くなることが多い。

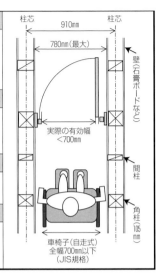

表4-12 ライフステージに伴う物の量

年齢	イベント	整理する物の例	量	目安
0歳	誕生	おむつ，ミルク，ベビーカー，衣類，おもちゃ等	0.03t	2箱
6歳	小学校入学	学習机，教材，椅子，洋服，ゲーム等	0.1t	10箱
12歳	中学校入学	個室生活となりさらに増える	0.2t	15箱
18歳	大学入学	大学入学となりさらに増える	0.3t	20箱
25歳	結婚	箪笥，食器棚，食卓，家電製品	2t	40箱
30歳	第一子誕生	子どもの物が増える	3t	50箱
35歳	第二子誕生	さらに子どもの物が増える	3.5t	55箱
55歳	第一子結婚	子どもが荷物を残して巣立つ	4t	60箱
60歳	第二子結婚	子どもが荷物を残して巣立つ	4t	60箱
75歳	夫と死別	夫の物を整理	3.5t	55箱
86歳	旅立ち	女性の平均寿命	3t	50箱

※目安はダンボール
出典　石見良教：「高齢者は持ち物が多い？年齢とともに物の量はどう変わるのか」（『たすケアノート』）
　　　（http://r-anshin.net）より作成

は，生活財があふれて住まいの中の生活空間が圧迫され，それが原因で害虫や臭気の問題，家庭内事故に結びつく場合もある。また，災害発生時に，生活財が避難の妨げになるケースや，モノを処分できず，自宅にため込んで近隣地域へ被害を及ぼすごみ屋敷の問題も増加している。特に最近では，高齢者に，いろいろな生活財をため込み，なかなか捨てられないことが多い傾向があることが注目されている。人は，誕生から少しずつ必要な生活財を増やし，60歳までに実に4t・段ボール約60箱分もの生活財に囲まれて生活している（表4-12）。中には，思い出の品や愛着のあるものもあれば，捨てても困らないものまでさまざまである。独居の高齢者などの場合は，身体状況からごみ集積所まで運べずにため込み，ごみ屋敷になってしまうケースもある。また，認知症などの場合は，必要なもの

とごみとの分別がうまくできないことも考えられる。

安全な空間を確保し，快適性と衛生面からもきちんとした生活財の分別と管理が必要である。そのためには，生活財とそれを収納するスペースとのバランス感覚を養い，能率的，機能的に利用したり，廃棄したりする管理，整理整頓が必要である（図4-22）。

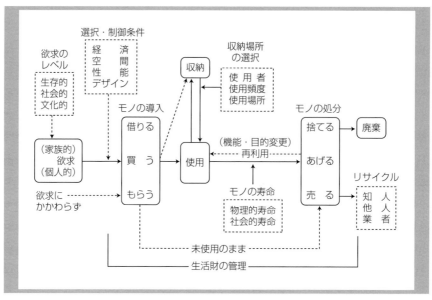

図4-22　生活財の管理プロセス

出典）岸本幸臣編：『図解テキスト　住居学』，彰国社，p.70（1997）

 家庭内事故を防ぐための工夫——住環境整備

　家庭内事故は，子どもや高齢者に多く発生しています。子どもは，安全の判断ができず住宅内のあらゆる場所を遊び場にして行動し，危険認識が難しいことがあります。そのため，周囲の大人が子どもの行動に気を配る必要がありますが，大人がずっとついて監視しておくことは難しいことです。そこで，あらかじめ考えられる住環境整備をしておくことが重要になります。特に，月齢や個々の性格によっても遭遇する危険が大きく異なる乳幼児など，目安となる発達状況に応じて起こりやすい事故を把握し，対策をその時々で講じていくことが効果的です（図4-23参照）。

　また，高齢者は，加齢に伴う身体機能の低下や生活状況の変化によってこれまでの生活リズムが大きく変化します（図4-24参照）。思わぬ家庭内事故，病気や障がいによっても，日常生活を著しく制限され，住み慣れた自宅に住み続けることが難しくなることもあります。そのため，自立して生活しているときから予防的な視点をもって住環境整備をしておくことが有効です。今日では，住環境整備は，多くの人々に必要とされるようになってきました。しかし，実際の住環境整備の現場では，家族状況や身体状況，抱えている疾病，住まいの状況によって，求められる住環境整備が異なることが多く，自立度や設定された生活目標を理解せずに，デザインや経済性を重視した住環境整備をしたことで，利用者の生活意欲を喪失させ，残存能力が低下してしまうケースも報告されています。そのため，今後の変化なども想定して柔軟な対応が求められます（図4-25参照）。

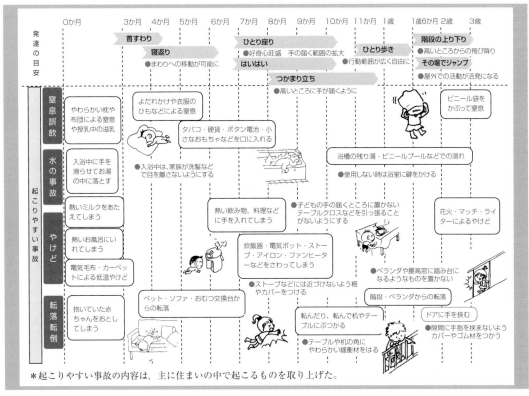

図4-23　子どもの発達と起こりやすい家庭内事故とその対策

出典）国民生活センター：『国民生活』（2012）を参考に作成

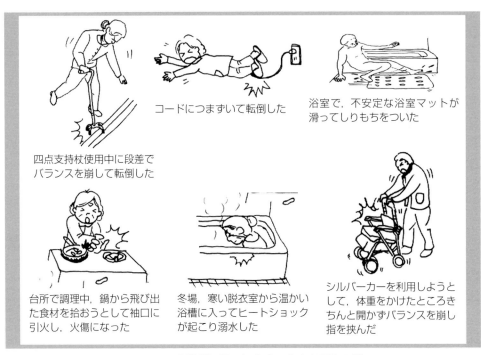

図4-24　高齢者に起こりやすい家庭内事故の例

段差への配慮

● **住まいの中の主な段差**
玄関上がり框・浴室（脱衣室〜洗い場）・廊下と和室（畳）など

● **主な段差への対応策**
①手すりを取り付ける。
　靴の着脱など安定した動作のためにいすを置いて利用する。
②玄関マットや浴室の足ふきマットはしっかりと固定するか，置かない。
③数センチの段差対応：すりつけ板（三角の木片）を利用する。
④式台（段を均等に小分けにする台）を利用する。
⑤スロープを利用する。（勾配が急にならないよう配慮する）
⑥段差解消機などの福祉用具を利用する。
　（設置場所やメンテナンスなどの配慮が必要）
⑦床のかさ上げ工事などを行う。（費用や工事期間を考える）

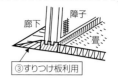
③すりつけ板利用

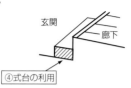
④式台の利用

安全な建具の利用

● **主な建具**
出入り口などの建具は，主に以下のものがある。姿勢を安定させた状態で開閉できるのは引き戸。

①開き戸　　　　　　　②引き戸　　　　　　　③その他

手前に引くか奥に押すかして建具を動かして開閉するため，開閉の際にバランスを崩しやすい。

建具をスライドさせて開閉。建具に近づき，姿勢を安定させたまま開閉できる。

折戸，アコーディオンドア，回転ドア，自動ドアなど

＊建具では，まわしたり力をかけるなどの複雑な操作を必要としない開閉しやすい把手（取っ手）を検討。

手すりの利用

● **いろいろな手すり**
手すりは，主に以下の3種類がある。そこで行う動作によって必要な形状が異なるので目的に応じた手すりを選ぶ。

①横手すり（Hand Rail）　　②縦手すり（Grab Bar）　　③複合手すり（L型など）

廊下や階段など前後の動きの際に使う。軽く手を添えたり，肘を置いて利用することもある。やや太めが使いやすい。

トイレや浴室など立ち上がりなどの上下の動作で体重をかけて利用する。やや細めでしっかりと握れるとよい。

縦手すりと横手すりの2つの機能を併せもつ。移動や上下に動く動作など複数の動作を行う際に利用する。

＊丸型や平型など，握りやすさや利用目的に応じて，使いやすい形状を選ぶ。

温熱環境への配慮

＊夜間や冬場の部屋と廊下などの温度差が著しいと体が血圧を急激に調整し，体温を一定に保つために心臓などに負担が生じるヒートショック現象が起こりやすい。そのため，室間の温度差がないように，暖房器具を利用する。特に，トイレ，浴室では配慮が必要。

＊夏の暑さにより，室内でも熱中症になる人が増加している。水分をしっかりとり，冷房を上手に利用する。

図4-25　住まいへの配慮

ワークシート ● あなたの住まいの防犯について考えてみよう

〈事例〉

実習生の池田愛梨さんは、ある日、駅で配布されていたチラシを受け取りました。チラシは、池田さんの住んでいる地域で多発している空き巣に関するもので、「住まいの防犯チェックリスト」が書いてありました。今まで防犯についてあまり関心がなかった池田さんは、よい機会なので自宅の防犯対策について考えてみることにしました。

作業1

池田さんは、さっそく、チラシについていたチェックリストを使って、自宅の安全性についてチェックしてみました。池田さんのチェックリストをあなたの自宅にあてはめてチェックしてみましょう。

あなたの家の防犯チェックリスト〈戸建て住宅〉

	チェック項目	○×
外周	1．家の周囲に高い塀や生い茂った植え込みがあり、建物の見通しが悪い。	
	2．家の周囲に物置き、室外機、ごみ、自転車など2階への足場になるものが置いてある。	
玄関・勝手口周辺	3．門灯や玄関灯がなく、玄関周辺が暗い。	
	4．表札に家族のフルネームを書いている。	
	5．家の周囲には、センサーライトはない。	
	6．出入り口（玄関・勝手口）は壊されにくい材質・性能のドアではない。	
	7．ピッキングに強い錠ではない。	
	8．サムターン回しに強い錠ではない。	
	9．ドアに複数の鍵をつけてはいない。	
窓	10．窓に雨戸やシャッターがついていない。	
	11．防犯ガラスや防犯フィルムをはっていない。	
	12．面格子をつけていない。	
ベランダ	13．ベランダの柵は外からの見通しが悪い。	
	14．ベランダの窓には補助錠をつけていない。	
環境・習慣	15．ごみ捨てなどのちょっとした外出の際は鍵をしめないことがある。	
	16．お風呂場やトイレの小窓をあけたまま外出することがある。	
	17．洗濯物を干したまま外出することがある。	
	18．玄関ポストや庭の植木鉢などに家族だけにわかる合鍵を隠している。	
	19．ご近所付き合いがない。	
	20．住まいは空き地や駐車場に隣接している。	

あなたの家の防犯チェックリスト〈集合住宅〉

	チェック項目	○×
共用出入り口	1．オートロックシステムでない。	
	2．建物の出入り口に高い植え込みがあり，建物の見通しが悪い。	
	3．防犯カメラがついていない	
	4．管理人がいない。	
	5．集合郵便受けに鍵をかけていない。	
エレベーター	6．エレベーターホールが暗く，見通しが悪い。	
	7．エレベーターに防犯カメラがついていない。	
	8．エレベーターに非常ベルがついていない。	
共用部分	9．廊下や階段は暗い。	
	10．駐車場や駐輪場は暗い。	
	11．廊下や階段，駐車場や駐輪場に防犯カメラがついていない。	
住居玄関	12．玄関表札に家族のフルネームを書いている。	
	13．玄関は壊されにくい材質・性能のドアではない。	
	14．ピッキングに強い錠ではない。	
	15．サムターン回しに強い錠ではない。	
	16．ドアに複数の鍵をつけてはいない。	
	17．カメラ付きインターフォンがついていない。	
窓	18．共用廊下側の窓ガラスは防犯ガラスや防犯フィルムをはっていない。	
	19．共用廊下側の窓ガラスには面格子がついていない。	
ベランダ	20．ベランダの柵は外からの見通しが悪い。	
	21．ベランダの窓には補助錠をつけていない。	
環境・習慣	22．ごみ捨てなどのちょっとした外出の際は鍵をしめないことがある。	
	23．郵便ポストや玄関周辺などに家族だけにわかる合鍵を隠している。	
	24．ご近所付き合いがない。	

作業2

チェックリストの○のついた項目を数えて診断し，それぞれ，できる対策を考えてみましょう。

診断〈戸建て住宅〉

16個以上	危険です。被害にあわないように対策を考えましょう。
11〜15個	少し不安です。被害にあわないように対策を考えましょう。
6〜10個	防犯対策はされていますが，さらに対策を考えましょう。
5個以下	防犯対策がなされています。今後も防犯を心がけましょう。

診断〈集合住宅〉

19個以上	危険です。被害にあわないように対策を考えましょう。
13〜18個	少し不安です。被害にあわないように対策を考えましょう。
7〜12個	防犯対策はされていますが，さらに対策を考えましょう。
6個以下	防犯対策がなされています。今後も防犯を心がけましょう。

＊診断はあくまでも目安です。参考としましょう。

ワークシート ● 保育園の安全な空間について考えてみよう

〈事例〉
保育園実習に行った小林昭一さんは、保育士の方々が日々記録している保育日誌を見せてもらいました。その中で、保育園内で起こったけがや事故についての記録が気になりました。そこで小林さんは、特に気になった内容について、自分でも考えてみることにしました。

● 気になった内容
a. 年長組の〇〇ちゃんが、自由遊びの時間にトイレに行った。早く用を足して遊びに戻りたかった〇〇ちゃんは、勢いよくトイレのドアを開けたところ、トイレに入ってきた△△ちゃんにぶつかってしまった（外開きの開き戸）。
b. 午睡用の布団を乾燥するため、組ごとに積み上げて準備しておいたところ、延長保育で残っていた〇〇くん（年中組）が、よじ登って落下してしまった。
c. 外遊び前に、全員が次々とトイレに行こうとあわてて移動した際に、保育室の出入り口でつまずいて、転倒してしまった（年少組）。
d. 屋上にあるプールに移動中、階段を上っていた〇〇くんがバスタオルをマント代わりにして引きずっていたため、後ろを追いかけていた△△くんが足を取られて階段から落ちてしまった（2歳児）。
e. 年中組での自由遊びの際、かくれんぼを始めた数人の子どもたちが、遊具の棚と壁の隙間に入り込んでしまった。ちょうど、遊具を出していた〇〇ちゃんが棚の前にいて、危うく倒れそうになった。

作業1
小林さんが気になったa．〜e．の記録を読んで、危険な状況になった原因を考えてみましょう。その際、実際の状況（環境要因）、保育士の見守りの状況、子どもたちの状況それぞれについて考えてみましょう。

作業2
作業1であげた原因を検証し、こうした危険な状況がないように、対策としてできることを具体的にあげてみましょう。

作業3
今回、気になった記録の内容以外に、実習先の保育園で起こるかもしれない事故については、可能な限り未然に防ぐ必要があります。では、今回の気になる内容以外に、起こりうる事故を想定し、できる対応を考えてみましょう。
保育室、トイレ、給食室、玄関、廊下など、空間ごとに一つひとつ考えてみましょう。

6. 住まいと地域生活

(1) 地域の中の住まい

　私たちの暮らしは，住まいの中だけで完結するわけでなく，学校や会社に通ったり，毎日の暮らしのために買い物に出かけることや，役所や図書館，駅などのさまざまな地域の中の施設を利用している。そのため，住まいの安全や快適性だけが考えられればよいということではなく，周辺の地域環境や日常生活圏まで広げて，目を向けることが重要といえる（図4-26）。住まいの立地条件や自然環境，治安状況，利便性などが適切かどうかを判断し，住まいの場所や住まいの形態を選びながら，日常生活圏に住む人々と相互に関係をもちながら，地域コミュニティを形成しているのである。しかし，現代では，家族規模の縮小や家庭機能の変化も関連して，地域の中に空き家が目立つようになり，ご近所同士の見守りや地縁といった近隣交流が減少していることも問題となっている。

　地域には，その土地の歴史や文化があり，環境にも地域性がみられる。農村と都市部では，その土地の産業や居住者層も異なっている。そのため，地域性を考慮して，安全で安心した生活が快適に送れるようなまちづくりが重要といえる。

(2) まちづくり

　日本ではかつてより，農業社会を中心として，農業生産を生業として地域で生活の大半を送ってきた。そのため，地域ごとの地形や気候などに合わせて，住み手がさまざまな工

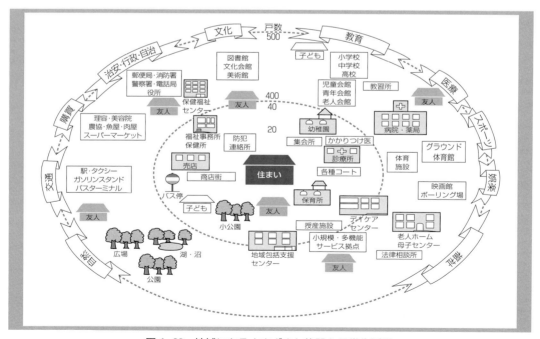

図4-26　地域にあるさまざまな施設と日常生活圏

夫をして地域生活が円滑に営めるよう，決まりごとや生活スタイルをつくってきた。その地域に住む人々が地域の状況を考慮して組織をつくり，ルールや生活スタイルを考えて歴史を積み上げてきたものが文化となり，まちづくりの基本となっている。産業の発達などにより都市部への人口流入に合わせた都市づくりや，さまざまな開発が進められてきたが，地域の伝統的な建物や自然環境を守り，防災や防犯，交通，景観といった幅広い観点から，そこに住む人々のニーズに合ったまちづくりを進める必要がある。

　まちづくりに関しては，いくつかの制度があり，住民に最も身近な立場である市町村

表4-13　まちづくりに関する諸制度・計画

〈まちづくりに関連する計画〉
住宅マスタープラン
地域の実情に応じた住宅整備などを推進するため地方公共団体が任意で定める制度。 地域内における，住宅ストックの確保，居住水準の向上や防災や環境に配慮した住環境の創設などで構成される。
都市計画マスタープラン
都市計画の指針となる計画で，住民参加で住民の意向を反映して策定する。 将来のまちの様子を見据えて，まちづくりの方向を検討するためのもの。 都市計画法の1992年改正によって，「市町村の都市計画に関する基本的な方針」として新たに創設された制度。
地域防災計画
1961年「災害対策基本法」を根拠とする計画で，震災，風水害，火災，雪害などの自然災害と航空災害，鉄道災害，道路災害，原子力災害などの事故災害に対応する予防計画と対応計画で構成される。高齢者・障害者・外国人などを「災害時要援護者」として位置づけ，身体能力および情報の確認能力が低下している人への対策を講じる。
〈まちづくりに関連する法律〉
建築基準法
建築物の安全の確保を目的に，敷地・構造・設備・用途に関する最低基準を定めている法律。
都市計画法
都市内の土地利用規制や道路・公園・下水道などの都市施設の整備，市街地再開発事業，土地区画整備事業などの都市基盤整備，緑道などのまちづくりに必要な事柄に対して総合的に一体的にすすめることを目指した法律。
大規模小売店舗立地法（大店立地法）
大型店の設置者に対して，周辺地域の成果と環境を守るための適切な対応を求めることを定めた法律。 交通渋滞や騒音，廃棄物などの周辺生活環境への配慮など地域社会との融和を図る目的。
中心市街地の活性化に関する法律
郊外の大型店舗の増加に対して，地方都市で見られるようになった中心市街地の衰退や空洞化を防ぎ，活性化に取り組む自治体などを支援するために施行された法律。
高齢者，障害者等の移動等の円滑化の促進に関する法律（バリアフリー法）
従来の建築物のバリアフリー化を目的とするハートビル法と駅や公共交通機関などのバリアフリー化を目的とする交通バリアフリー法を一体化した法律。 市町村は，重点整備地区（駅などの旅客施設の周辺地区，高齢者・障害者などの利用施設が密集した地区など）について，基本構想を作成でき，高齢者・障害者を含めた地域住民が意見提案できる場として協議会を設けている。
福祉のまちづくり条例
地方自治法を根拠として市町村や都道府県の議会の議決によって定められた自主的な法令。その地域の独自性を示すことができる。 公共建築物・民間建築物・交通機関・道路・公園など日常生活のあらゆる面にかかわる施設のバリアフリー化を図るためのもの。 条例のため，法的な拘束力・強制力は弱いが，地域住民のニーズを反映しやすい。バリアフリー法に役割が移行しつつある。

出典）東京商工会議所編：『福祉住環境コーディネーター検定試験　3級公式テキスト　改訂3版』，p.186-199(2015)を参考に作成

が，地域特性を考慮して暮らしやすいまちの形成，地域施設の配置や建て方，さまざまなルールを検討して地区計画を策定している。

　1995年の阪神・淡路大震災以降は，地域ごとの防災に対する取り組みとして，避難訓練の実施や防災公園の整備，住宅地の防災計画の見直しなど，防災のまちづくりも活発になっている。また，商店街や自治会での防犯パトロールの実施や注意喚起など，個人では防ぎきれない犯罪を，地域ぐるみで対策する防犯のまちづくりの取り組みも増加している。さらに，子ども，高齢者，障がいのある人など，さまざまな状況の人々が共に地域で暮らしていく共生社会の創造を目指して，福祉のまちづくりへの取り組みも，今後はますます重要である。私たちは，自分自身が暮らすまちに関心をもち，あると便利な施設や危険な場所の改善など，生活を通して感じる意見を積極的にまちづくりに反映していけるように，働きかけることが重要である。最近では，NPO団体やボランティア，町内会などで，まちづくりのための勉強会やワークショップを企画し，住民自らが参加できる機会も増えている。私たち自身が，地域の一員として，まちづくりに関連する計画や法律について知り，積極的にかかわっていくことが今後ますます必要である（表4-13）。

コラム　防災公園を知っていますか？

　私たちの身近にある公園は，災害時の避難場所として知られています。そのうち，各市の地域防災計画では，防災公園として災害時の活動拠点，救出・救助拠点，ヘリコプター活動拠点などに指定されています。公園内には，実際に利用できる防災施設が整備されていて，公園での防災体験や防災訓練などの勉強会やイベントを企画し，住民の防災意識を高め，いざというときに役立つ情報を提供しています。私たちも，自分が住んでいる地域に関心をもち，積極的に情報を収集して，主体的にまちづくりにかかわっていきましょう。

防災設備地図の例（武蔵野中央公園）

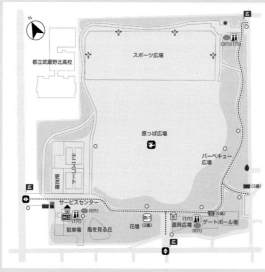

（東京都公園協会ホームページより）

○ **ソーラー照明灯**
ソーラーパネルで太陽光を受け，支柱内のバッテリーに充電する。停電しても公園灯を照灯することができ，この明かりが避難場所の目印となる。

災害救援自動販売機
停電後48時間以内であれば非常用電源により飲み物を取り出せる自動販売機。緊急避難場所などに指定されている公共施設などに設置されている。

防災パーゴラ
屋根からテントを被せることで救護室や災害対策本部として使用できる。

● **マンホール型トイレ**
下水道管までの取付管に沿って設置し，災害時にはマンホールのふたを外して便器として使用する。

かまどベンチ
普段はベンチとして使用し，災害時には座る部分を外して"かまど"として使用する。

6．住まいと地域生活　167

ワークシート ● 暮らしやすいまちづくりについて考えてみよう

〈事例〉

実習生の秋山仁美さんは，居宅介護で認知症の金山トメさんのお宅に伺います。ある日，いつも仕事で訪問時にはいない娘さんと偶然，駅で会いました。その際，娘さんより金山さんが1人で家から出ていってしまい，帰れなくなってしまうことがあると相談を受けました。昔から住んでいる地域ですが，最近は開発も進んでいるので，認知症の金山さんが混乱し，安全確保ができないのではないかということでした。秋山さんは，この地域の安全性，福祉のまちづくりがどのように進められているか考えてみることにしました。

作業

秋山さんは，金山さんの住んでいる地域を中心に，周辺状況を調べ，金山さんの生活や行動特性を中心に据えた福祉住環境マップを作成しました。秋山さんが行った作業を自分に置き換えて考えてみましょう。

〈秋山さんの作業手順〉

対象地を設定
　↓　金山さんの自宅周辺

　　対象地は，自宅周辺，実習先の施設周辺・利用者の自宅周辺・学校周辺などを設定する。

作業に必要なものの準備
・金山さんの自宅周辺地図（小学校区の地図）　・透明シート
・付箋　　　　　・セロハンテープ　　・ベンジンなど油性マジックを消せるもの
・油性マジック　・デジタルカメラ（必要に応じて）

　　必要なものをそろえよう。

作業1：地域を歩いて観察する
　　建物状況，道路状況，自然状況などを観察し，メモや写真で記録する。

　　数人のグループで調査して歩き，さまざまな視点で観察するといろいろな意見が出ておもしろい。

作業2：地図地域情報を記入する
　　地図に透明シートを重ねてセロハンテープで固定し，その上から地域情報を書き込む。
　①周辺にある施設情報（市役所・消防署・保健所・
　　地域包括支援センター・病院・郵便局・銀行・
　　学校・商店・コンビニなど）
　②交通状況を確認し，交通量の多いところ，
　　人気のないところ，街灯が少ないところ，
　　緑の多いところなどの地域特徴
　③金山さんが1人で町を歩いたときに見守りを
　　してくれそうな人材や組織（自治会・
　　自主防災会・民生委員・児童委員・地域の防災サポーターのような人材）

　　透明シートを使うと，福祉住環境の視点や防災の視点，防犯の視点など複数の視点での分析に地図を利用できる。直接地図に書き込んでいくのもよい。

作業3：金山さんに必要な情報をまとめる
　　作業1・2で行った情報を整理し，必要に応じて
　　リスト化，図式化して見やすくまとめる，
　　日常的に使えるようにする。

　　見やすいように記号化や色分けを使って，必要な情報をまとめよう。

まとめ

秋山さんは，後日，金山さんの徘徊用に，今回の福祉住環境マップを娘さんに渡しました。マップには，金山さんの日常生活で必要な施設の場所や，迷子のときに頼れる地域の施設や人材のリスト，自宅周辺で交通量が多く1人で行くのは危険な場所などが記入されています。また，コンビニやスーパーなどトイレを借りられる場所や水を飲める場所なども記入してあり，娘さんは，散歩もかねて週末に金山さんと出かけることも増えました。認知症である母を気にしていた娘さんも，できればケアラーズカフェを調べてその場所も記入してみたいと考えています。

【参考文献】
- 小澤紀美子編：『豊かな住生活を考える―住生活 第3版』，彰国社（2002）
- 中野明編著：『目で見る［住生活］と住まいのデザイン 第2版』，建帛社（2007）
- 日本建築学会編：『コンパクト建築設計資料集成〈住居〉』，丸善（1995）
- 東京商工会議所編：『福祉住環境コーディネーター検定試験 3級公式テキスト 改訂3版』（2015）
- 川崎衿子編：『家事とたたかう住まい』，彰国社（1997）
- 岸本幸臣編：『図説テキスト 住居学』，彰国社（1997）
- 定行まり子・沖田富美子編著：『生活と住居』，光生館（2013）
- 小林秀樹著：『新・集合住宅の時代』，NHK出版（1997）
- 内閣府：「平成27年版高齢者社会白書」（2015）
- 厚生労働省：平成27年国民生活基礎調査の概況」（2016）
- 日本福祉用具・生活支援用具協会：「事故情報」，http：//www.jaspa.gr.jp/
- テクノエイド協会：「福祉用具ハヤリハット情報」，http：//www.techno-aids.or.jp
- 日本放送協会：「NHKそなえる防災」，http：//www.nhk.or.jp/sonae/moshimo/
- 国民生活センター：リーフレット「くらしの危険」，http：//www.kokusen.go.jp/kiken/
- 東京消防庁：「地震に備えて―いま 一人ひとりにできること!!―」，http：//www.tfd.metro.tokyo.jp/lfe/bou_topic/

V．福祉専門職

○福祉専門職と接遇マナー

福祉専門職と接遇マナー

（1）接遇マナー

　福祉専門職を目指す学生や，福祉現場の職員に必要とされているのが，「接遇マナー」である。

　広辞苑[1]では，「接遇」とは「もてなし，接待，あしらい」とあり，さらに「接待」を引くと「客をもてなすこと」とある。また，「マナー」とは，「行儀，作法」のこと，とある。ここからすれば「接遇マナー」とは，客をもてなすための行儀・作法ということになろうか。

　今日，福祉現場では，この接遇マナーをいかにして職員に教育するかが課題であり，施設内での研修会や，講師を招いての研修会を開催しているところも少なくない。そこでは，接遇の具体的な方法として，身だしなみ，挨拶，表情，態度，言葉づかいなどが教えられ，施設全体としてサービス向上が図られている。しかしながら，ここで最も重要だと考えられるのは，「なぜ，福祉現場で接遇マナーが必要とされるのか」という点である。

（2）利用者の尊厳

　一方，社会福祉士や介護福祉士，看護者や保育士の倫理綱領（一部抜粋）（p.171-174）においては，いずれも倫理性を根底にして，福祉サービス対象者の"尊厳"を保持することが異口同音に述べられている。ちなみに"尊厳"とは，その人の人格に備わるもので，何事にも優先し，他のものでは取って代わることのできない唯一無二の絶対的価値をもつものである[2]。日本国憲法では，"個人の尊厳"として，憲法第13条の前段（「すべて国民は，個人として尊重される」）で規定されている。

　ここで前述の「なぜ，福祉現場で接遇マナーが必要とされるのか」という問題に立ち返れば，その答えは，「個人の尊厳」を守るためであるといえる。例えば，「老人ホームの利用者Kさんは，定年まで教師を勤めあげ，90歳を過ぎた今もそのプライドの高さは変わらない方である。そのKさんが，日頃から施設の職員に"○○ちゃん"と子どものように呼ばれ，プライドが傷つきながらも，お世話になっているからと，あきらめて生活をしている」。もし，ここでKさんの尊厳を第一に考えた呼びかけ方（○○（苗字）さん）がされていれば，Kさんのプライドを傷つけるようなことはなかったであろう。

　このように，介護現場でありがちな一場面からも，福祉現場で個人の尊厳を保持するための接遇が求められることが理解できるであろう。

ワークシート ● 福祉専門職としての接遇マナーを考えよう

作業1

あなたの目指す分野の倫理綱領等（下記資料）から，利用者の尊厳を保持することについて述べている箇所を抜き出してみましょう。

作業2

あなたの実習現場で，利用者の尊厳の保持のために配慮されている場面を記述してみましょう。

作業3

あなたの実習現場で行われる接遇マナーに，倫理観を根底にした尊厳保持の考え方が不可欠なことを話し合ってみましょう。

全国保育士会倫理綱領（抜粋）

　　　　　　　　　　　　　　　　　　　　　　社会福祉法人　全国社会福祉協議会
　　　　　　　　　　　　　　　　　　　　　　　　　　　　　全国保育協議会
　　　　　　　　　　　　　　　　　　　　　　　　　　　　　全国保育士会

（子どもの最善の利益の尊重）
1．私たちは，一人ひとりの子どもの最善の利益を第一に考え，保育を通してその福祉を積極的に増進するよう努めます。

（子どもの発達保障）
2．私たちは，養護と教育が一体となった保育を通して，一人ひとりの子どもが心身ともに健康，安全で情緒の安定した生活ができる環境を用意し，生きる喜びと力を育むことを基本として，その健やかな育ちを支えます。

（保護者との協力）
3．私たちは，子どもと保護者のおかれた状況や意向を受けとめ，保護者とより良い協力関係を築きながら，子どもの育ちや子育てを支えます。

（プライバシーの保護）
4．私たちは，一人ひとりのプライバシーを保護するため，保育を通して知り得た個人の情報や秘密を守ります。

（チームワークと自己評価）
5．私たちは，職場におけるチームワークや，関係する他の専門機関との連携を大切にします。
　　また，自らの行う保育について，常に子どもの視点に立って自己評価を行い，保育の質の向上を図ります。

(利用者の代弁)
6．私たちは，日々の保育や子育て支援の活動を通して子どもの
　ニーズを受けとめ，子どもの立場に立ってそれを代弁します。
　　　また，子育てをしているすべての保護者のニーズを受けとめ，
　それを代弁していくことも重要な役割と考え，行動します。
(地域の子育て支援)
7．私たちは，地域の人々や関係機関とともに子育てを支援し，
　そのネットワークにより，地域で子どもを育てる環境づくりに
　努めます。
(専門職としての責務)
8．私たちは，研修や自己研鑽を通して，常に自らの人間性と専門性の向上に努め，専門職
　としての責務を果たします。

看護者の倫理綱領（抜粋）

公益社団法人 日本看護協会

1．看護者は，人間の生命，人間としての尊厳及び権利を尊重する。
2．看護者は，国籍，人種・民族，宗教，信条，年齢，性別及び性的指向，社会的地位，経済的状態，ライフスタイル，健康問題の性質にかかわらず，対象となる人々に平等に看護を提供する。
3．看護者は，対象となる人々との間に信頼関係を築き，その信頼関係に基づいて看護を提供する。
4．看護者は，人々の知る権利及び自己決定の権利を尊重し，その権利を擁護する。
5．看護者は，守秘義務を遵守し，個人情報の保護に努めるとともに，これを他者と共有する場合は適切な判断のもとに行う。
6．看護者は，対象となる人々への看護が阻害されているときや危険にさらされているときは，人々を保護し安全を確保する。
7．看護者は，自己の責任と能力を的確に認識し，実施した看護について個人としての責任をもつ。
8．看護者は，常に，個人の責任として継続学習による能力の維持・開発に努める。
9．看護者は，他の看護者及び保健医療福祉関係者とともに協働して看護を提供する。
10．看護者は，より質の高い看護を行うために，看護実践，看護管理，看護教育，看護研究の望ましい基準を設定し，実施する。
11．看護者は，研究や実践を通して専門的知識・技術の創造と開発に努め，看護学の発展に寄与する。
12．看護者は，より質の高い看護を行うために，看護者自身の心身の健康の保持増進に努める。
13．看護者は，社会の人々の信頼を得るように，個人としての品行を常に高く維持する。
14．看護者は，人々がよりよい健康を獲得していくために，環境の問題について社会と責任を共有する。
15．看護者は，専門職組織を通じて，看護の質を高めるための制度の確立に参画し，よりよい社会づくりに貢献する。

社会福祉士の倫理綱領（抜粋）

公益社団法人　日本社会福祉士会

倫理基準
1）利用者に対する倫理責任

1．（利用者との関係）　社会福祉士は，利用者との専門的援助関係を最も大切にし，それを自己の利益のために利用しない。
2．（利用者の利益の最優先）　社会福祉士は，業務の遂行に際して，利用者の利益を最優先に考える。
3．（受　容）　社会福祉士は，自らの先入観や偏見を排し，利用者をあるがままに受容する。
4．（説明責任）　社会福祉士は，利用者に必要な情報を適切な方法・わかりやすい表現を用いて提供し，利用者の意思を確認する。
5．（利用者の自己決定の尊重）　社会福祉士は，利用者の自己決定を尊重し，利用者がその権利を十分に理解し，活用していけるように援助する。
6．（利用者の意思決定能力への対応）　社会福祉士は，意思決定能力の不十分な利用者に対して，常に最善の方法を用いて利益と権利を擁護する。
7．（プライバシーの尊重）　社会福祉士は，利用者のプライバシーを最大限に尊重し，関係者から情報を得る場合，その利用者から同意を得る。
8．（秘密の保持）　社会福祉士は，利用者や関係者から情報を得る場合，業務上必要な範囲にとどめ，その秘密を保持する。秘密の保持は，業務を退いた後も同様とする。
9．（記録の開示）　社会福祉士は，利用者から記録の開示の要求があった場合，本人に記録を開示する。
10．（情報の共有）　社会福祉士は，利用者の援助のために利用者に関する情報を関係機関・関係職員と共有する場合，その秘密を保持するよう最善の方策を用いる。
11．（性的差別，虐待の禁止）　社会福祉士は，利用者に対して，性別，性的指向等の違いから派生する差別やセクシュアル・ハラスメント，虐待をしない。
12．（権利侵害の防止）　社会福祉士は，利用者を擁護し，あらゆる権利侵害の発生を防止する。

日本介護福祉士会倫理綱領（抜粋）

公益社団法人　日本介護福祉士会

1．利用者本位，自立支援
　介護福祉士はすべての人々の基本的人権を擁護し，一人ひとりの住民が心豊かな暮らしと老後が送れるよう利用者本位の立場から自己決定を最大限尊重し，自立に向けた介護福祉サービスを提供していきます。
2．専門的サービスの提供
　介護福祉士は，常に専門的知識・技術の研鑽に励むとともに，豊かな感性と的確な判断力を培い，深い洞察力をもって専門的サービスの提供に努めます。また，介護福祉士は，介護福祉サービスの質的向上に努め，自己の実施した介護福祉サービスについては，常に専門職としての責任を負います。
3．プライバシーの保護
　介護福祉士は，プライバシーを保護するため，職務上知り得た個人の情報を守ります。

4．総合的サービスの提供と積極的な連携，協力
　介護福祉士は，利用者に最適なサービスを総合的に提供していくため，福祉，医療，保健その他関連する業務に従事する者と積極的な連携を図り，協力して行動します。

5．利用者ニーズの代弁
　介護福祉士は，暮らしを支える視点から利用者の真のニーズを受けとめ，それを代弁していくことも重要な役割であると確認したうえで，考え，行動します。

6．地域福祉の推進
　介護福祉士は，地域において生じる介護問題を解決していくために，専門職として常に積極的な態度で住民と接し，介護問題に対する深い理解が得られるよう努めるとともに，その介護力の強化に協力していきます。

7．後継者の育成
　介護福祉士は，すべての人々が将来にわたり安心して質の高い介護を受ける権利を享受できるよう，介護福祉士に関する教育水準の向上と後継者の育成に力を注ぎます。

【引用文献】
1）新村出編：『広辞苑 第六版』，岩波書店，p.1573，p.1576，p.2657（2008）
2）藤谷秀・横山貴美子：『介護福祉のための倫理学』，弘文堂，p.79-82（2007）

索引

英字

ATP ……………………………………… 66
db（デシベル）………………………… 142
HACCP（ハサップ）システム ……… 78, 81
ICF ……………………………………… 130
ICT ……………………………………… 54
JAS法 …………………………………… 78
PFC比 …………………………………… 82
PL法 …………………………………… 78
QOLの向上 …………………………… 32
TCA回路 ……………………………… 66
TPO …………………………………… 102
WHO ……………………………… 82, 130

あ

アイロンかけ ………………………… 120
悪質商法 ……………………………… 42
悪性腫瘍 ……………………………… 90
足型 …………………………………… 114
アセスメント ………………………… 32
アナフィラキシー …………………… 74
編物 …………………………………… 105
アレルギー …………………………… 147

い

育児 …………………………………… 49
　――不安 …………………………… 23
慰謝料 ………………………………… 27
イス座 ………………………………… 134
一汁三菜 ……………………………… 86
遺伝子組換え
　――加工食品 ……………………… 72
　――食品 …………………………… 78
　――農産物 ………………………… 72
糸 ……………………………………… 105
衣服 …………………………………… 100
　――内気候 ………………………… 101

衣料障害 ……………………………… 109
　――の安全性 ……………………… 103
いろポチ ……………………………… 110
インフレ ……………………………… 39

え・お

栄養機能食品 ………………………… 75
栄養指導 ……………………………… 70
栄養素 ………………………………… 62
　――の消化・吸収 ……………… 65, 67
エネルギー …………………………… 68
　――代謝 …………………………… 66
　――比率 …………………………… 82
エンゲル係数 ………………………… 38
おむつ ………………………………… 8
織物 …………………………………… 105

か

介護 …………………………………… 49
　――現場 …………………………… 5
　――時間 …………………………… 49
介護福祉 ……………………………… 4
介護福祉士の倫理綱領 ……………… 170
外部化 ………………………………… 131
価格 …………………………………… 39
化学繊維 ……………………………… 104
核家族 ………………………………… 18
　――化 ……………………………… 131
拡大家族 ……………………………… 18
家計 …………………………………… 36
　――調査 …………………………… 38
　――の構造 ………………………… 38
加工食品 ……………………………… 72
火災 …………………………………… 153
可処分所得 …………………………… 37
家事労働 ……………………………… 37
家政学 ………………………………… 2
　――の知識・技術 ………………… 5

家族 ……………………………………… 6,18
　──介護者 ……………………………… 51
　──観 …………………………………… 24
　──周期 ………………………………… 130
　──の機能 ……………………………… 19
　──の規模 ……………………………… 6
　──の義務 ……………………………… 26
　──の権利 ……………………………… 26
　──の変化 ……………………………… 22
価値観 ……………………………………… 9
家庭裁判所 ………………………………… 26
家庭内事故 ……………………… 156,158,159
家庭用品品質表示法 ……………………… 108
加熱操作 …………………………………… 92
加齢 ………………………………………… 10
がん ………………………………………… 90
換気 ………………………………………… 140
環境温度 …………………………………… 101
看護師 ……………………………………… 8
　──の倫理綱領 ………………………… 172
間接税 ……………………………………… 37

き

機械換気 …………………………………… 140
着替え ……………………………………… 5
危険個所 …………………………………… 145
既製衣料のJIS規格 ……………………… 108
機能性表示食品 …………………………… 75
基本身体寸法 ……………………………… 108
基本的生活習慣 …………………………… 6
キャッシュレス化 ………………………… 42
吸水性 ……………………………………… 101
協議離婚 …………………………………… 26
行事食 ……………………………………… 60
郷土食 ……………………………………… 60
寄与分 ……………………………………… 27

く・け

クーリング・オフ制度 …………………… 42
靴の選び方 ………………………………… 114
グリーンファッション …………………… 109
グリコーゲン ……………………………… 66
ケアラーズカフェ ………………………… 51
経口感染 …………………………………… 80
経済 ………………………………………… 36
結婚 ………………………………………… 26
結露 ………………………………………… 145

原因食品 …………………………………… 75
健康
　──食品 ………………………………… 75
　──の定義 ……………………………… 82
　──被害 ………………………………… 79
健康づくりのための行動指針2014
　〜睡眠12箇条〜 ……………………… 112
健康日本21（第二次） …………………… 83
憲法第13条 ………………………………… 170

こ

高血圧症 …………………………………… 88
合成繊維 …………………………………… 104
高尿酸血症 ………………………………… 90
国際家族年 ………………………………… 7
国際生活機能分類 ………………………… 130
国税 ………………………………………… 37
国民経済の3主体 ………………………… 36
国民生活時間調査（NHK） ……………… 46
国民生活センター ………………………… 42
戸籍 ………………………………………… 18
子育て援助活動支援事業 ………………… 50
5大栄養素 ……………………………… 62,67
骨粗鬆症 …………………………………… 89
ごみ屋敷 …………………………………… 157
コレステロール …………………………… 64
婚姻
　──届 …………………………………… 26
　──要件 ………………………………… 26
献立作成 …………………………………… 86
コンテンツ ………………………………… 54
コントロール食 …………………………… 88
混紡 ………………………………………… 106

さ・し

災害 ………………………………………… 153
採光 ………………………………………… 139
再生繊維 …………………………………… 104
在宅介護 …………………………………… 70
三世代家族 ………………………………… 22
支援計画 …………………………………… 32
自己実現 …………………………………… 4
脂質 ………………………………………… 64
脂質異常症 ………………………………… 89
地震 ………………………………………… 155
自然換気 …………………………………… 140
下着の役割 ………………………………… 112

室内環境	139
児童	
──虐待	23
──福祉施設	6
──養護施設	2
シミ抜き	120
社会化	131
社会生活基本調査（総務省）	46
社会的ネットワーク	50
社会福祉	
──施設	2
──の専門職	3
社会福祉士	2
──の倫理綱領	173
社会保険料	37
住環境整備	158
修繕用商品	125
集団感染	80
収入労働	37
収納・保管	121
シューフィッター	114
手工芸	126
出生家族	18
生涯未婚率	22
消化器	66
消化酵素	66
脂溶性ビタミン	64
照度基準	139
消費期限	73
消費者基本法	42
消費者	
──物価指数	39
──問題	42
消費生活センター	42
情報のデジタル化	54
賞味期限	73
照明	139
食	
──の安全	78
──習慣	61
食育基本法	69
食育推進活動	69
食事介護	5
食事摂取基準	68
食事バランスガイド	69
食生活	
──の課題	60
──の機能	60
──の現状	60
食生活指針	83
食中毒	77, 79
──の予防	79
食品衛生法	78
食品群別摂取量	86
食品	72
──添加物	74
──トレーサビリティ	79
──の加工	72
──の重量目安量	87
──の保存	76
食品表示基準	74
食品表示法	72, 74
食品表示マーク	75
植物繊維	104
食文化	60
食物	
──アレルギー	74
──繊維	63
食欲	67
女性の社会進出	131
寝具に求められる機能	113
親権	27
寝室環境	113
心身の特性	10
身体活動レベル	69
人体寸法	134
人体の成分と組織	62

す・せ

水溶性ビタミン	65
住まい	
──の寿命	144
──の分類	132
──の役割と機能	130
──への配慮	160
生活	4
──活動強度	69
──環境	4
──空間	130, 136
──財	156
──周期	130
──様式	134
──支援	4
──時間	46, 49

──歴	35
生活史	32, 35
──の聞き取り	32
生活習慣病	82, 88
税金	37
生殖家族	18
生鮮食品	72
製造物責任法	78
西洋料理	95
世界保健機関	82
世帯	18
──規模	22
接遇マナー	170
摂食機能障害	90
繊維	104
全国保育士会倫理綱領	171
洗剤	147
──の種類	117
洗濯	117, 119

そ

騒音	142
掃除	145
──の手順	146
創設家族	18
相続	27
相続分	28
ゾーニング	136
足部（成長・発達・加齢変化）	114
──の変形	114
尊厳	170

た・ち

ターミナルケア	96
代謝	65, 66
耐用年数	144
起居様式	134
炭水化物	62
たんぱく質	63
──汚れ	112
暖房	140
地域	164
──コミュニティ	164
──性	164
地域包括支援センター	51
地方税	37
虫害	145

中国料理	95
中性脂肪	64
調整素	64
調停	26
調理	92
──時間の配分	93
──のエネルギー源	94
──の器具	94
──の基本操作	93
──の設備	94
──法	92
直接税	37

つ〜と

通気性	101
通信・放送サービス	56
通風	140
定位家族	18
デジタルデバイド	56
デフレ	39
伝統食	60
天然繊維	104
透湿生	101
動線	136, 138
動線計画	136
糖尿病	89
動物繊維	104
動脈硬化症	64
特定原材料	75
特定保健用食品	75

に〜の

日常生活圏	164
日本介護福祉士会倫理綱領	173
日本家屋の問題点	157
日本食品標準成分表	72
日本料理	94
入浴介護	5
認知症カフェ	51
縫い糸の素材と特徴	124
熱中症	84
寝床環境	113
望ましい温度と湿度	141
ノロウイルス	80

は

排泄	5

箸の使い方	61
発達	10
──段階	9
バリアフリー	156
ハレ・ケ	60
半合成繊維	104
晩婚化	22,25
犯罪	152

ひ

非加熱操作	92
非婚化	22
非消費支出	37
ビタミン	64
必須アミノ酸	63
被服	100
──素材の加工	106
──素材の性能	106
──着用の目的	100
──の管理	116
──の選択	108
──の役割と機能	100
肥満	64,88
漂白	120
品質表示	116

ふ

ファミリー・アイデンティティー	7,19
ファミリーサイクル	130
ファミリー・サポート・センター事業	50
不感蒸泄	101
福祉専門職	170
服飾	100
服装	100
──規範	102
物価	39
──下落	39
──上昇	39
不飽和脂肪酸	64
扶養	27
不慮の事故	156

ほ

保育士	6
──の倫理綱領	170
保育所（保育園）	6
保育専門職	6

防災	153,155
──公園	166
縫製	124
──用具	124
防虫剤	122
法定相続	27
法定相続人	27
防犯	152
飽和脂肪酸	64
保健機能食品	75
ホメオスタシス	82
ホルムアルデヒド	110,147

ま～も

まちづくり	164,165
未婚化	25
ミネラル	64
──の生理作用	64
無機質	64
無償労働	37
6つの基礎食品群	72,73
メンテナンス	144
問題商法	42

ゆ・よ

遺言	28
有償労働	46
ユカ座	134
ユニバーサルデザイン	55,156
──の7原則	56
──フード	75
ユニバーサルファッション	109
ユビキタス社会	55
養育費	27
汚れの種類	145
4つの食品群	72,73

ら～わ

ライフサイクル	10,130
ライフステージ	83
離婚	26
──届	26
冷房	140
老化	10
老朽化	145
和食	60

〔編著者〕　　　　　　　　　　　　　　　　　　　　　　　　（執筆分担）

中川　英子（なかがわ　ひでこ）　宇都宮短期大学名誉教授　　　　　総論Ⅵ，各論Ⅰ-5，各論Ⅴ

〔著　者〕（五十音順）

青柳　美香（あおやぎ　みか）　済生会宇都宮病院看護専門学校専任教員　　総論Ⅳ，総論Ⅵ

天野　マキ（あまの　まき）　東洋大学名誉教授，宇都宮短期大学名誉教授　　総論Ⅰ

井上千津子（いのうえ　ちづこ）　元京都女子大学教授　　総論Ⅱ

大塚　順子（おおつか　じゅんこ）　東京通信大学人間福祉学部准教授　　各論Ⅳ

奥田　都子（おくだ　みやこ）　静岡県立大学短期大学部准教授　　各論Ⅰ-1〜4

桂木　奈巳（かつらぎ　なみ）　宇都宮共和大学子ども生活学部教授　　総論Ⅵ，各論Ⅲ-2・5・6

神部　順子（かんべ　じゅんこ）　高松大学経営学部教授　　各論Ⅰ-7・9

倉田あゆ子（くらた　あゆこ）　日本女子大学家政学部講師　　各論Ⅰ-6・8

田﨑　裕美（たざき　ひろみ）　静岡福祉大学社会福祉学部教授　　各論Ⅱ

奈良　　環（なら　たまき）　文京学院大学人間学部准教授　　総論Ⅵ，各論Ⅱコラム（p.77，p.84）

牧野カツコ（まきの　かつこ）　お茶の水女子大学名誉教授，宇都宮共和大学名誉教授　　総論Ⅲ

水野三千代（みずの　みちよ）　元関東短期大学非常勤講師　　各論Ⅱ

百田　裕子（ももた　ひろこ）　宇都宮短期大学教授　　総論Ⅴ，各論Ⅲ-1・3・4・7

山本　正子（やまもと　まさこ）　常葉大学非常勤講師　　各論Ⅱ

中川　牧子（なかがわ　まきこ）（ワークシート・コラムのイラスト作成）

新版 福祉のための家政学
―自立した生活者を目指して―

2017年（平成29年）4月20日　初版発行
2022年（令和4年）8月30日　第5刷発行

編著者　中　川　英　子
発行者　筑　紫　和　男
発行所　株式会社 建 帛 社
　　　　KENPAKUSHA

〒112-0011　東京都文京区千石4丁目2番15号
TEL (03) 3944-2611
FAX (03) 3946-4377
https://www.kenpakusha.co.jp/

ISBN 978-4-7679-3379-5　C3036　　亜細亜印刷／ブロケード
Ⓒ中川英子ほか，2017.　　　　　　Printed in Japan
（定価はカバーに表示してあります）

本書の複製権・翻訳権・上映権・公衆送信権等は株式会社建帛社が保有します。
JCOPY〈出版者著作権管理機構　委託出版物〉
本書の無断複製は著作権法上での例外を除き禁じられています。複製される場合は，そのつど事前に，出版者著作権管理機構（TEL03-5244-5088，FAX 03-5244-5089，e-mail：info@jcopy.or.jp）の許諾を得て下さい。